Oliver Roland (Hg.)

Humor in der Kirche
—
Der christliche Witz

Anthologie für Religion 4

AZUR

Inhalt

Vorwort
des Herausgebers Oliver Roland 11

Kardinal Karl Lehmann
Kirche und Humor 19

Pfarrer Ivo Bäder-Butschle
Der Witz über den Glauben
und der Witz des Glaubens 23

Pfarrer i.R. Siegfried Vögele
Vergiss die Freude nicht! 33

Pater Josef Danko
Die Leute in der Kirche zum Lachen bringen 42

Der Witz in den christlichen Traditionen

Pater Josef Danko
Der katholische Witz 49

Reverend John Watson
Der orthodoxe Witz 59

Archdeacon Ava Nibel
Der anglikanische Witz 70

Pfarrer Ivo Bäder-Butschle
Der evangelische Witz 78

Pastor Hermann Schwarz
Der Witz in den Freikirchen 81

Die Witz-Sammlung

1. Aphorismen, Hinweise und Kurzwitze 93

2. Gott und Computer 95

3. Der liebe Gott 104

4. Adam und Eva: Paradies-Witze 108

5. Das Alte Testament und Jesus 112

6. Kinder und Religionsunterricht 117

7. Gebete und Wünsche 132

8. Messe und Gottesdienst 136

9. Radio Eriwan und andere Frage-Witze 149

10. Geistliches im Alltag: Der Gemeinde-Witz 158

11. Seelsorge und Beichte 178

12. Theologen und Wissenschaftler 182

13. Papst und Vatikan 184

14. Bischöfe, Prälaten und Kirchenbeamte 190

15. Missionare 197

16. Klöster und Orden 200

17. Der interkonfessionelle Witz 205

18. Der interreligiöse Witz 208

19. Moderne Welt: Der Zeitgeist-Witz 215

20. Der Beerdigungswitz 219

21. Himmel und Hölle 223

22. Top-(Ten-)Listen 236

23. English Jokes 245

Gebet

Danksagung

Autoren- und Autorinnenspiegel

Vorwort

Lachen ist befreiend. Es befreit zu einer anderen Sichtweise, es schenkt den spielerischen Umgang mit der Realität. Es kritisiert, es stellt Autoritäten in Frage, ohne sie zerstören. Das Lachen ermöglicht Auseinandersetzung. Jeder Witz wendet sich gegen eine einzige Wahrheit und enthält zugleich selbst ein Stück Wahrheit, manchmal eine bittere, jedoch humorvoll formuliert. Freud spricht dem Witz eine Entlastungs- bzw. Verdrängungsfunktion zu: die Seele wird entlastet! Und Umberto Eco hat es noch eindringlicher formuliert: „Lachen ist die Kunst der Vernichtung von Angst." Und weiter: „Der Witz ist die letzte Waffe von jemandem, der sich mit einer eigentlich unerträglichen Situation abgefunden hat und nur noch mit Worten kämpft." Ich denke, wer lebt, braucht Humor. Denn Lachen gehört zum Menschsein, ist Heilmittel, beweist Hoffnung, ist Ausdruck von Glücksgefühl, Erlöstsein. Lachen kann heilen und hilft Leiden, Leid ertragen. Wer Humor hat, dem fällt vieles leichter – in guten wie in schlechten Zeiten.

Humor heilt. Gerade auch in der Kirche. Für mich ist eindeutig: Wer religiös ist, muss Humor haben. Denn Religion ist immer auch verbunden mit Strenge, Ernsthaftigkeit, mit Absurdem und Unerklärlichem. Religion braucht Humor, denn der Mensch braucht Humor.

Der Witz hat eine lange Tradition. Der erste Witz ist aus Ägypten überliefert, verfasst vor über 4.600 Jahren. Auch die Römer kannten Witze, mit denen professionelle Spaßmacher sich bei den Reichen und Mächtigen beliebt machten.

Hat Jesus gelacht, hat er Humor gehabt? Er war ganz Mensch – wie soll er da nicht gelacht haben? Jesus brachte den Menschen seiner Zeit die Gute Nachricht, die Frohbotschaft, die Verkündigung des Heils Gottes für die Menschen. Er tut dies bis heute. Hätte er es damals griesgrämig getan, lustlos, verbittert, hätte er weder Menschen begeistern, gar überzeugen können. Wer Freude verstrahlt und predigt, tut dies immer auch mit einem Lächeln.

Die Aussage des Neuen Testamentes ist befreiend, weil sie uns heraushilft aus der Trostlosigkeit, aus dem ewig gleichen Alltag, aus der Traurigkeit, dem Leid, der Verzweiflung. Das Osterlachen in den Kirchen des Mittelalters und heute wieder will deutlich machen: Christen haben Grund zur Freude.

Seit hunderten von Jahren gehören Witze zu den beliebtesten volkstümlichen Erzählformen. Aus dem angelsächsischen Sprachraum ist der Witz als Predigtanfang vertraut. Das Lachen öffnet die Herzen und damit die Ohren, Humor öffnet Möglichkeiten im Gespräch durch Berührung. Wenn man sich berührt fühlt, ist man eher bereit verstehen zu wollen.

Die Autoren dieser Anthologie führen in die Welt des christlichen Witzes ein. Vier Autoren und eine Autorin beleuchten als

Angehörige oder ausgewiesene Kenner je ihre Tradition. Der Anglikaner Dr. John Watson, Experte für die orthodoxe Tradition des Christentums, zeigt, wie viel Witz es doch in der Orthodoxie gibt, die man sonst als nur strenggläubig und ernsthaft vermutet. Jedoch, er macht auch deutlich, dass mancher Witz nur auf der Grundlage von Auseinandersetzungen entsteht. In einem Witz kann man die Kritik an einer Person oder an einer Situation auf den Punkt bringen, ohne zu zerstören, aber zugleich auch ohne den Grund der Kritik aus den Augen zu verlieren. Reverend Ava Nibel beleuchtet ihre eigene Situation als eine der ersten ordinierten Frauen Englands im Gegensatz zu ihren vielen konservativen, die Frauenordination ablehnenden, männlichen Kollegen.

Die Menschen lachen heutzutage, wie mir scheint, viel weniger. Entweder geht es ihnen schlecht oder viel zu gut. Hier erinnert Pfarrer i.R. Josef Vögele an eine Eigenart des Menschen, die nicht in Vergessenheit geraten sollte. Er und Pater Josef Danko SAC nennen den christlichen Witz eine „ökumenische Angelegenheit". Pater Josef Danko SAC, Autor von bereits vier Witzbüchern, hat sein Humor-Gespür in der Beschreibung des „katholischen" Witzes mit zahlreichen Beispielen wiedergegeben und das Osterlachen in einem zweiten Essay für heute neu entdeckt.

Karl Kardinal Lehmann zeigt uns den Humor der Bibel, wie er auch in der Kirche Fuß gefasst hat. Pfarrer Ivo Bäder-Butschle führt zum einen in eine allgemeine Betrachtung des Witzes ein, und erklärt in einem zweiten Aufsatz den Sitz des evangelischen Witzes. Hermann Schwarz, Pastor einer Pfingstgemeinde, charakterisiert den Witz in den Freikirchen.

Es folgt eine Sammlung von Witzen in vielen Kategorien, um das Auffinden – bei unterschiedlichem Interesse oder Einsatz in Predigt, im Gemeindeleben, bei welcher Gelegenheit auch immer – den Leserinnen und Lesern zu erleichtern.

Am Ende findet sich eine kleine Sammlung englisch-sprachiger Witze, die übersetzt an „Witz" und Eigentümlichkeit verlieren würden.

Da Witze, wie Sprichwörter, mündliche Überlieferung sind, die keinen ermittelbaren Urheber haben und durch Transformationen älterer Überlieferungen (z.B. Volkslieder) entstanden sind, sind sie Allgemeingut und somit nicht an ein Urheberrecht gebunden, sofern bei dem Abdruck der eingesandten Witze keine Quelle angegeben wurde. Sollte das Abdrucken eines Witzes in diesem Band das Urheberrecht verletzt haben, bitten wir hiermit, dieses zu entschuldigen und uns mitzuteilen, damit wir eine Richtigstellung in der zweiten Auflage bringen können. Über jede konstruktive Kritik freuen wir uns ebenso sehr wie über neu eingesandte Witze.

Oliver Roland, Markdorf im November 2005

PS: Übrigens, Humor brauchte ich auch, um diese Anthologie zu Ende zu bringen. Angefangen hatte ich diesen Band mit der Bitte per Mail an tausende evangelische Gemeinden, bei der Witzesammlung zu helfen und mir Witze zu zusenden. Neben wenigen, aber außerordentlich hilfreichen Antworten (siehe Danksagung), kam meist nicht viel zurück und manchmal auch folgendes:

„Ich schreibe Predigten, keine Witze!"

„An Ihrer neuen Anthologie beteilige ich mich nicht. Anbei aber ein Aufsatz, der zu Ihrer ersten Anthologie 'Die Kirche der Zukunft' gepasst hätte!"

Das erinnert mich an einen schönen Witz, der uns Theologen ganz allgemeinhin beschreibt:

Ein Mann stürzt mit seinem Flugzeug irgendwo über Afrika in einem Dreiländereck ab. Mit seinem Fallschirm bleibt er 10 Meter über dem Boden in einem Baum hängen. Da geht unten auf einem Trampelpfad ein Mann entlang. Er ruft nach ihm und fragt: „Entschuldigen Sie bitte, können sie mir sagen, wo ich hier bin?"

Der Mann antwortet: „Sie hängen in einem Baum."

Darauf der andere: „Sagen Sie mal, sind Sie Theologe?"

„Ja, woher wissen Sie denn das?"

„Ihre Antwort war richtig, aber Sie bringt mich überhaupt nicht weiter."

Der Mensch ist für die Freude,
und die Freude ist für den Menschen.
Franz von Sales

Nach Gnade ist Humor das Beste, was wir haben.
Maria Ward

Gott will, dass wir fröhlich sind.
Luther

Die Beschaffenheit der Welt ist in der Freude Gottes gegründet.
Calvin

Lächeln ist billiger als elektrischer Strom und gibt mehr Licht.
Sprichwort aus Schottland

Da Gott mir ein fröhliches Herz gegeben hat,
so wird er mir schon verzeihen, wenn ich ihm fröhlich diene.
Joseph Haydn

Wer lächelt, statt zu toben, ist immer der Stärkere.
Sprichwort aus China

Ein fröhliches Herz tut dem Leibe wohl.
Sprüche 17,22a

Ich freue mich im Herrn,
und meine Seele ist fröhlich in meinem Gott.
Jesaja 61,10a

Der französische König Heinrich IV. befreite einmal einen Ein-
siedlermönch aus den Händen von Soldaten und sagte, er solle
sich etwas wünschen. Daraufhin erwiderte der Mönch: „So
wünsche ich, dass du freudig seiest jeden Tag!"
Legende

Kirche und Humor

von
Karl Kardinal Lehmann

Der Kirche und ihren Vertretern sagt man oft eine gewisse Humorlosigkeit nach. Das verwundert, denn wenn ich etwa an den seligen Papst Johannes XXIII. denke, dann hat er eindrucksvoll bewiesen, dass Humor zum Leben dazu gehört. Leitend war für ihn die selbst auferlegte Maxime: „Johannes, nimm dich nicht so wichtig!" Wer selbst einen Schritt zurück treten kann, der macht Platz für den, der größer ist, letztlich für Gott selbst. Diese Erkenntnis ist ein wichtiger Gradmesser des Humors. Zum menschlichen Leben gehört beides: Das Lachen und der Ernst, die überschwängliche Heiterkeit und der Tiefgang. So kann Kohelet im Alten Testament schreiben: „Alles hat seine Stunde. Für jedes Geschehen unter dem Himmel gibt es eine bestimmte Zeit: eine Zeit zum Gebären und eine Zeit zum Sterben, eine Zeit zum Pflanzen und eine Zeit zum Abernten der Pflanzen, (...) eine Zeit zum Weinen und eine Zeit zum Lachen, eine Zeit für die Klage und eine Zeit für den Tanz." (Koh 3, 1.2.4)

Lachen gehört zum Menschen, kann aber natürlich einen sehr verschiedenen Sinn haben. Es ist Ausdruck von Gelöstheit und Heiterkeit, gehört so eng mit Fröhlichsein zusammen, aber es gibt auch ein dämonisches, teuflisches Lachen, das Verachtung und Schadenfreude zum Ausdruck bringt. Ich freue mich über herzerfrischenden Humor und spritzigen Witz, gewiss auch über ein stilles Lächeln, eventuell auch mitten beim Verlieren und bei Verlusten. Die Traurigkeit darf bei allen berechtigtem Schmerz kein Letztes sein. Denn wenn man diese Welt ernst, aber nicht todernst nimmt, und wenn man weiß, dass es noch eine andere Dimension gibt, ist man eher in der Lage, das Vorläufige auch als Vorläufiges zu verstehen und nicht als Endgültiges. Das führt dazu, dass man über manche Dinge lachen kann und gelassener ist. Lachen hat ja etwas mit der Unterbrechung unseres ernsten Alltags zu tun. Auch in der Bibel gibt es einen sehr subtilen Humor. Wenn etwa Jesus seine Gleichnisse erzählt, dann ist da immer etwas Schalkhaftes mit dabei. Es liegt mir am Herzen, dass der christliche Glaube gegen alle Verbissenheit und Sturheit steht. Entschiedenheit gehört zwar zum Glauben. Aber das ist etwas anderes, als nicht mehr ansprechbar oder diskussionswillig zu sein.

Ich weiß nicht, ob mich mein längerer Aufenthalt in Italien in dieser Richtung stärker geprägt hat. Die Italiener können ja wunderbar schauspielern, Clowns spielen und gewitzt auftreten. Ich habe es z.B. immer dann erfahren, wenn man bei einem Kauf noch um den Preis feilschen musste. Mir lag das gar nicht, obgleich ich auch gerne mein geringes Taschengeld etwas geschont hätte. Aber ich musste merken, dass meinen Partnern es einfach kein gutes Geschäft war, wenn man nicht lautstark und larmoyant war: „Auf diesen Preis kann ich nicht eingehen. Morgen sterben meine Kinder und ich." Danach gab es einen Handschlag – und wir beide waren zufrieden. Aber das habe ich immer nur bewundert, nie gelernt. Nur einmal gelang es mir, als ich meine ersten Fußballschuhe kaufte. Man kann diese Art von Humor auch Schlitzohrigkeit nennen.

Wer Philosophie und Theologie studiert, hat es auf seine Weise mit der Vieldeutigkeit, mindestens der Zweideutigkeit der Welt zu tun. Vieles ist schillernd. Man muss auf der Hut bleiben und darf sich nicht aufs Glatteis führen lassen. Nicht nur von der menschlichen Erfahrung her muss man sich mit Widerfahr-nissen herumschlagen, die von keiner deutlich erkennbaren Gesetzmäßigkeit her verstanden werden können. Im Angesicht Gottes – oder sagen wir bescheidener: im Licht der Trans-zendenz – wird man bei dieser Vieldeutigkeit der Wirklichkeit nicht todernst. Man verkrallt sich auch weniger in sie. Sie sind kein Letztes. Man kann spielerisch damit umgehen. Gerade deshalb hat auch derjenige, der wirklich an Gott glaubt, viel Sinn für das Spielerische des Lebens, für die Heiterkeit und für die Leichtigkeit des Seins. Wenn man also immer auch die andere Dimension im Sinn hat, behält man einen gewissen Humor, weil man ja das Bedingte nicht für ein Unbedingtes halten darf und um die Unterscheidung der Geister weiß.

Nur so kann ich es mir übrigens erklären, dass wir in der Geschichte des Glaubens vieles ausgeprägt haben, was zum Menschen gehört, aber vielleicht im Licht des Glaubens tatsäch-

lich markanter wird: die Kritik als Gabe der Unterscheidung, die Satire, den Humor, die Formen vom Witz bis zu den Sprichwörtern. Man schaue einmal in manche Bücher der Bibel, besonders des Alten Testamentes, hinein (vgl. z.B. Sprichwörter, Kohelet, aber auch die Propheten). Der Glaube möchte die täuschende Mehrdeutigkeit entlarven, besonders wenn es auch mit Heuchelei zu tun hätte. In diesem Sinn passen Glaube und Humor, auch Kirche und Karneval, in dieser Form zusammen. Fastnacht und Karneval sind im Schatten unserer Dome entstanden. Wer viel glaubt, der hat, glaube ich, mehr zu lachen, als jemand, der alles tierisch ernst nimmt. „Die Relativierung der Wirklichkeit verbindet Humor und Glaube", schreibt das angesehene „Lexikon für Theologie und Kirche". Und weiter: „Beide (Humor und Glaube) befähigen dazu, in Distanz zur Welt und doch in ihr zu leben. Als hermeneutische Prinzipien helfen sie, die Chancen und Grenzen von Mensch und Welt auszuleuchten und ermöglichen dadurch humanes Handeln. Der Humor lässt sich so als Moment einer weltzugewandten Spiritualität verstehen."
(LThK, Band V, 3.Aufl., Freiburg i.Br. 1996, Sp. 334)

Der Witz über den Glauben und der Witz des Glaubens

von
Pfarrer Ivo Bäder-Butschle

Wie verträgt sich Religion mit Humor? Manchmal hat man den Eindruck, Gott selbst muss eine ganze Menge Humor haben, um noch dermaßen freundlich, entspannt und dennoch teilnahmsvoll mit dieser Welt umzugehen. Und doch ist die Frage nach dem Humor Gottes spekulativ. Genaueres können wir dagegen über den Humor der Gläubigen sagen bzw. über die Kultur des Witzes, wie sie in einer Religionsgemeinschaft beheimatet ist.

Aus protestantischer Sicht fällt der erste Blick natürlich in die Heilige Schrift. Und ernüchtert stellt man fest: Die Bibel ist ein ausgesprochen humorloses Buch. Zwar gibt es Stellen, die für heutige Leser eine unfreiwillige Komik besitzen, etwa wenn es in Esra heißt: Das Volk zitterte wegen der Worte Nehemiahs und wegen des starken Regen. Ansonsten muss man nach Humor in der Bibel fahnden. Weder von Mose noch von Jesus sind witzige Sprüche oder Situationen überliefert. Der Alttestamentler Frank Crüsemann hat wenigstens zwei Episoden der Davidsgeschichte ausgemacht, die nach seiner Einschätzung früher als Witz verstanden wurden. In einer der beiden (vgl. 1.

Sam. 21, 11-15) verschlägt es David auf seiner Flucht ausgerechnet an den Hof jenes Königs Achisch, dessen Volk er in einem früheren Kriegszug übel mitgespielt hatte. Voller Furcht, jetzt an der Reihe zu sein, gebärdet sich David, als hätte er den Verstand verloren. Worauf der König zu seinen Großen sagt: Warum habt ihr den zu mir gebracht? Habe ich selber etwa nicht genug Verrückte? Als witzig musste damals – so Crüsemann – die Darstellung des sich wahnsinnig stellenden Davids empfunden worden sein. Vergleichbar der Episode aus der Zeit des Dritten Reiches, in der Rudolf Hess nach seiner Flucht nach England dort gefragt wird: Sie sind also dieser Wahnsinnige? Und er korrigiert: Aber nein, ich bin nur sein Stellvertreter.

Also, mit etwas Glück lassen sich im ganzen Alten Testament immerhin zwei Witze exegetisch nachweisen, die uns zwar nicht direkt zum Lachen bringen, aber entfernt an Witze erinnern, die wir heute lustig finden... Eine eher niederschmetternde Bilanz. In Umberto Ecos Mittelalterroman ist die Verhinderung des Lachens durch die christliche Dogmatik geradezu zum Mordmotiv geworden. Der eifernde Mönch Jorge begeht Morde, um die Entdeckung einer „humorfreundlichen" Schrift des Aristoteles zu verhindern. Aber ganz so schlimm ist es dann doch nicht. Witz und Humor sind so etwas wie anthropologische Konstanten. Auch die humorlosen Quellen der christlichen Religion konnten das Lachen Gott sei Dank nicht verhindern. Dabei unterscheide ich im folgenden zwei Typen von Witzen:

Witze über die christliche Religion (gewissermaßen von außen) und Witze, die aus der religiösen Perspektive selbst formuliert sind. Dabei gibt es in beiden Witzkategorien gute und schlechte Witze. Platt gesagt ist die drohende Gefahr der Witze „über" ihre Klischeebildung, die drohende Gefahr der Witze aus der religiösen Perspektive ihre Harmlosigkeit und nervtötende Gutmütigkeit. Beide Witzkategorien liefern Höhepunkte, wenn sie sich (von außen oder innen) an religiöser Tradition und Macht abarbeiten, sie also trotz ihrer Witzform ernst nehmen. Ich will das im folgenden kurz erläutern.

WITZE „VON AUSSEN"

Seit jeher gibt es sehr gute Witze über die christliche Religion, oft formuliert aus einer Perspektive, die diese Religion erkennbar für lächerlich oder absurd hält. Trotzdem, zumindest wenn gewisse bei frommen Menschen vorhandenen Minimalhemmschwellen nicht lustvoll zertrümmert werden, unterhalten diese satirischen Witze Gläubige und Nichtinteressierte gleichermaßen. Schon in der Antike hat Lukian von Samosata eine ziemlich irrwitzige Parodie auf einen christlichen Wanderprediger und Wunderheiler verfasst. Aus heutiger Zeit fallen einem Parodien aus Film und Literatur ein. So hat etwa Simone Borowiak in ihrem Frauenhorrorreisebuch „Frau Rettich, die Czerny und ich" eine grandiose Szene, in der die Icherzählerin in einem spanischen Friseursalon wieder zum Glauben findet. „Ich beginne ungelenk zu beten und finde zu Gott. Jesus liebt auch mich. Er muss. Er lässt nicht zu, dass man mich mit

flittrigem, verschachtelten Bumskopf und anplissierter Stretch-
welle aus dem Laden schickt. Dafür ist er nicht gestorben, der
Mann aus Nazareth; nicht dafür, dass man mich im fremden
Land zusammenonduliert und auf die Straße wirft!" Ähnliche
Bescherungen finden sich in den Gedichten von Robert
Gernhardt („Lieber Gott, nimm es hin, dass ich was besondres
bin...“). Von Max Goldt möchte ich auf die „Ansprache des
Bahnhofsbischofs“ hinweisen. Da wird nicht nur kirchlicher
Befindlichkeitsjargon im Originalton aufgeführt („Ein Bischof
muss da sein, wo ein Bischof gebraucht wird.“), auch die ab-
surde Gesamtidee, in jedem Bahnhof einen Bahnhofsbischof zu
installieren, hat mit Zunahme großkirchlicher Planungseuphorie
noch an Aktualität gewonnen. Gerne denkt man auch an ein
Paar Werke von Monty Python, nicht zuletzt an das viel und zu
Recht geschmähte „Life of Brian“. Aber Sätze wie „er ist der
Messias. Ich muss es wissen, ich bin schon vielen gefolgt“ oder
Szenen wie das Selbstmordkommando der Judäischen Be-
freiungsfront lassen einen den Schwachsinn, den es in diesem
Film auch gibt, leichten Sinnes verzeihen.

Ich möchte eine Faustregel aufstellen, an Freud angelehnt. Nach
Freud gewinnt der Witz seiner Kraft aus seiner Subversivität
gegen Tabus, machtvolle Gewohnheiten und Traditionen.
Demnach wäre ein Witz um so besser, je eher er sich an etwas
„abarbeitet“ (auch wenn das jetzt sehr ernst klingt). Simone
Borowiak etwa war früher auf einem katholischen Schwestern-
internat. Ihre Satire ist trotz aller weltanschaulichen Distanz

sozusagen immer noch „aus der Nähe" geschrieben. Umgekehrt gibt es auch den Witz über das Christentum, der so distanziert ist, dass er im Klischee ersäuft. Ich habe früher eine Improvisationstheateraufführung miterlebt, wo alle Versatzstücke eines Priesters (frömmelnd, feist, feige, dümmlich, verführbar, tollpatschig) ausgewalzt wurden, so dass der Witz irgendwann doch ziemlich auf den Hund gekommen war. Wie wir sehen werden, gilt diese Faustregel auch für „Gruppe 2".

WITZE „VON INNEN"

Es gibt ganz verschiedene Witztypen, die eine religiöse Perspektive erkennen lassen oder zumindest nicht verleugnen. Ein großer Teil der Witze macht dabei einen seltsam zahnlosen Eindruck, fällt unter die Kategorie des gutmütigen Witzes und damit der Ablenkung von tieferen Problemen (P.L.Berger, Erlösendes Lachen, 115-136). Darunter zähle ich etwa Witze, in der allgemeine Klischees über Männer und Frauen anhand der Paradiesgeschichte aufs schönste bestätigt werden, aber auch jene Witze, in denen Pfarrer als gutmütige und harmlose Menschen (oder Trottel?) geschildert werden. Diese Art von Witzen behauptet implizit, dass die Welt, wie sie ist, schon in Ordnung ist, gemütlich, auf eine einfache Art liebenswert, und der Witz fordert im Grunde die Bestätigung dieser harmonischen Weltsicht. Die Versicherung von Gemütlichkeit und Trivialität ist hier das Grab echten Lachens.

Interessanter, sozusagen bissiger sind aber auch hier jene Witze, die etwas angreifen, sich an etwas abarbeiten, echte Spannungen widerspiegeln. Alles mögliche kann dabei zum Gegenstand des Witzes werden: Die Kirche als Institution oder Hierarchie, kirchliche Würdenträger, übersteigerte oder fanatische Frömmigkeit ebenso wie theologische Moden, Gott selbst, Jesus, Eigenheiten der Gemeinde, der theologischen Ausbildung und der Dogmatik.

Dabei bieten bestimmte Konfessionen einen besseren Nährboden für Witze, andere einen weniger guten. Naturgemäß gibt es viele gute „katholische" Witze. Der Papst und seine Unfehlbarkeit, eine machtvolle und ehrwürdige Institution wie die Kirche und ihre Hierarchie sind das optimale Biotop für fiesen ebenso wie freundlichen Humor. Dagegen zieht die evangelische Kirche aufgrund ihrer relativen Mach- und Ehrlosigkeit, ihrer Unbekanntheit und Uninteressantheit als Institution kaum Satire, Spott oder Witz auf sich. Wenn sie sich dagegen einmal öffentlich profiliert oder das wenigstens versucht, kann sie im Gegenzug auch einmal Spott ernten – so geschehen etwa bei der Imagekampagne der EKD vor wenigen Jahren, als sowohl innerkirchlich als auch in den Feuilletons an Spott und Häme über die Farblosigkeit dieser Kampagne ausgegossen wurde. Es ist nicht auszuschließen, dass dieser Spott Teil der geheimen Agenda der Kampagne war und diese damit wenigsten ein Ziel erreicht hat, nämlich den Raum öffentlichen Spottes der katholischen Kirche punktuell streitig zu machen.

Die interessantesten und seltensten Witze sind jene, die sich an Gott selber abarbeiten, in denen Gottes Allmacht oder Allwissenheit oder sogar die Liebe zum Wetzstein des Humors wird. Es sind dies manchmal Witze, die aus der Not geboren werden, sozusagen der Galgenhumor des verzweifelten Gläubigen. In der Tradition hat sich dagegen der Witz auf Kosten des Teufels als Gottes höchsten Widersachers etabliert. Dabei steht der Teufel für erfahrene Ohnmacht gegenüber unheilvollen Mächten der Welt, realen Machthabern, persönlichen und psychologischen Grenzen der eigenen Person. Tatsächlich speist sich die eine große Tradition christlicher Lachpraxis aus einer Schadenfreude über den Teufel, nämlich das Osterlachen. Hier wird über den Teufel gelacht, der von Gott ausgetrickst worden ist und sich zugleich selber ausgebootet hat. Das Motiv des Teufels, der in die selbstgeschaufelte Grube fällt, das Motiv des betrogenen Betrügers ist sehr alt, geht zurück bis in die Zeit der Alten Kirche. Zugleich ist diese Schadenfreude die Kehrseite über die Freude der Erlösung. Der Teufel wurde ausgetrickst, das heißt zugleich, wir sind frei, erlöst von seiner Macht. Und diese Veräppelung war Anlass zu hämischem oder befreitem Lachen, zu Spiel und Satire. Luther etwa malt sich die Szene so aus, dass der Teufel, der seit jeher alle Verstorbenen verschlingt, sich wie gewöhnlich auch über Jesus hermacht. Aber der schmeckt wegen seiner Sündlosigkeit so anders, dass es den Teufel lupft, dass er Jesus wieder herausspeit und alle vorher Verspeisten mit ihm (vgl. P. L.Berger, Erlösendes Lachen, 235f). Schon vor Luther, im Mittelalter entsteht daraus das Osterlachen. Die Gemeinde erwartete an Ostern, vom Priester zum Lachen gebracht zu werden. Weil der Witz vom betrogenen Betrüger der Gemeinde aber wohl bekannt war, wurden Zoten und Brüller verwendet, um das Lachen der Erlösten anzustoßen. Bis heute gibt es die Tradition des Osterlachens und der Osterwitze, und zwar auch im evangelischen Raum, etwa in der reformierten Schweiz, wo viele Gemeinden an Ostern bis heute von ihren Pfarrern und Pfarrerinnen gute Witze erwarten.

Damit sind wir bei einer Theologie des Lachens angelangt. Der amerikanische Soziologe Peter L. Berger hat mit seinem Buch „Erlösendes Lachen. Das Komische in der menschlichen Erfahrung" hier eine Bresche in die nicht vorhandene wissenschaftliche Diskussion geschlagen. Seine Grundthese passt gut zum unserer ernsten Abarbeitungstheorie des Witzes: Der Witz arbeitet sich an der Unerlöstheit dieser Welt ab, im Lachen steckt das Versprechen der Erlösung, in der Religion der Glaube, dass dieses Versprechen wahr ist oder wahr wird. Es ist kein Wunder, dass die Hitler-Witze im Dritten Reich verboten wurden. Sie demontierten proleptisch etwas vom Machtanspruch Hitlers. Etwas davon steckt in jedem guten Witz. Dass im Witz die Mächte dieser Welt demontiert werden und eine erlöstere Welt aufscheint. Lachen befreit uns von den Fragen nach dem Wie und Wann, nach Reformplänen und Anstrengungen. Es stellt Erlösung in Aussicht und macht Lust auf sie.

Auch außerhalb der Tradition des Osterlachens ist diese humorfreundliche Linie Gottes immer wieder aufgetaucht. Großartige Witze sind (bekanntermaßen) innerhalb der jüdischen, aber auch der anglikanischen Tradition entstanden. Ich möchte daher mit einem Auszug aus Chestertons abgedrehter Verteidigung des Christentums schließen, in der er sich mit modernen Theologen auseinander setzt, die die Sündhaftigkeit des Menschen bestreiten: „Die wissenschaftlichen Kapazitäten der Moderne stehen stark unter dem Eindruck der Notwendigkeit, alles Forschen mit einem Faktum zu beginnen. Die religiösen Kapazitäten der alten Zeit standen nicht weniger unter dem Eindruck dieser Notwendigkeit. Sie machten den Anfang mit dem Faktum der Sünde – einem Faktum, das so handgreiflich ist wie eine Kartoffel. Egal, ob es ein Wunderwasser gab, in dem der Mensch sich reinwaschen konnte, waschen musste er sich auf jeden Fall. Gewisse religiöse Wortführer in London [...] sind indes neuerdings dabei, nicht das hochgradig zweifelhafte Wasser anzufechten, sondern den unbestreitbaren Schmutz in Abrede zu stellen. Gewisse Theologen von heute bestreiten die Erbsünde, das einzige Stück der christlichen Theologie, das wirklich beweisbar ist. Einige Anhänger des [modernistischen] Reverend R.J.Campbell, die einer geradezu überkandidelten Spiritualität huldigen, bekennen sich zur göttlichen Sündlosigkeit, deren sie nicht einmal im Traum ansichtig werden können. Dagegen leugnen sie im Kern die menschliche Sündhaftigkeit, die sie an jeder Straßenecke antreffen können. Die bedeutendsten Heiligen wie auch die entschiedensten Skeptiker nahmen die Gegebenheit des Bösen zum Ausgangspunkt ihrer Überlegungen. Falls es stimmt (und das tut es), dass ein Mensch mit innigem Vergnügen einer Katze bei lebendigem Leib das

Fell über die Ohren zu ziehen vermag, dann zwingt das den religiösen Philosophen zu einem von zwei Schlüssen. Entweder er muss die Existenz Gottes leugnen, wie es die Atheisten machen, oder er muss bestreiten, dass sich der Mensch gegenwärtig im Einklang mit Gott befindet, wie es die Christen machen. Die neuen Theologen dagegen scheinen es für eine äußerst kluge Lösung zu halten, die Katze zu leugnen."
(G.K.Chesterton, Orthodoxie 39f.)

Wer Witze macht, leugnet nicht das Leiden der Katze, nein, er kennt es, er kennt die unerlöste Welt. Aber Lachen ist ein Verspechen, dass einst die Welt erlöst werden wird.

„Vergiss die Freude nicht!"
Von der Fröhlichkeit
im christlichen Alltag

von
Pfarrer i.R. Siegfried Vögele

„Vergiss die Freude nicht!" Das ist der Titel eines sehr netten Büchleins von Phil Bosmans und der Titel einer entsprechenden Tonbandkassette. Vergiss die Freude nicht! Vergiss die Freude auch in der österlichen Bußzeit nicht! Das Evangelium, zu deutsch Frohbotschaft, gilt zu jeder Zeit! Und wir, die wir das Evangelium, die Frohbotschaft leben sollen, dürfen die Freude nicht vergessen.

Ich denke, wir sollten gelegentlich auch über uns selber lachen können. Deshalb schreibe ich hier einmal, was ich bei einer Pfarrhaushälterinnenversammlung gesagt habe. Ich bin gefragt worden: „Welche Pfarrhaushälterinnen haben Sie lieber? Jene, die viel reden, oder die anderen?" Darauf ich: „Welche anderen?" Es gibt übrigens auch Pfarrer, die sich selber auf den Arm nehmen können. Der frühere Pfarrer von St. Peter, Pfarrer Duffner, genannt Speckle, hat oft gesagt: „Jeder Pfarrer hat halt seine Stärken. Meine ist Weihwasserweihen und Beerdigungenhalten."

Wenn wir von Freude reden und von „Vergiss die Freude nicht!", dann gehört der Spaß mit rein, und der Witz und

Lachen und Lächeln und Humor und das Fröhlichsein und alles, was in diese Richtung geht. Ich habe einmal einen Kaplan predigen gehört über das Pauluswort: „Freut euch im Herrn zu jeder Zeit! Noch einmal sage ich: Freuet euch!" (Phil 4,4) Das hat er auch mehrmals wiederholt. Und dabei hat er eine Miene gemacht und einen Ton angeschlagen, als ob er Essig getrunken hätte. Wir sollten lachen und lustig sein, so oft wie möglich, und Freude zeigen und ausstrahlen. Auch hier gilt: „Wir sind die einzige Bibel, die die Menschen heute noch lesen." Das heißt, wir sollten gelebtes Evangelium sein. Die Freude sollte in unserem Leben so oft vorkommen (hervorkommen) wie im Evangelium. Ich habe in meiner biblischen Wort-Konkordanz zusammengezählt: In der Bibel kommt „Freude" 86 mal und „sich freuen" 74 mal vor; überwiegend im Neuen Testament. Sind wir neutestamentliche, evangeliumsgemäße, „evangelische" Menschen? Ich bedauere, dass unsere Mitchristen, die sich evangelisch nennen, in diesem Sinn oft nicht so „evangelisch" sind wie wir. Und ich bin froh, dass wir Katholiken in diesem Sinn oft „evangelischer" sind als sie. Fasnacht, Fasching, Karneval sind überwiegend katholische Domänen. Den „Orden wider den tierischen Ernst" oder ähnliche bekommen häufiger katholische Geistliche als evangelische. Und das geht rein bis in die Kirchenräume und in Gottesdienste und in die Kirchenmusik. Auffallend ist, dass die Fastnachtshochburgen ursprünglich katholisch sind: Mainz, München, Köln, Rottweil und Ersingen. Und wer da her kommt, dem liegt's halt im Blut. Und wer wo anders her kommt, dem liegt's nicht im Blut. Und der kann genau so wenig dafür. Nur wünschte ich mir, dass es noch mehr fromme und fröhliche, fröhliche und fromme Leute gäbe. Bach ist evangelisch. Mozart ist katholisch. Ich sage das nicht, um die Ökumene zu torpedieren, sondern um sie zu fördern. Wir sollten alle „evangelischer" werden.

Natürlich gehört zum Evangelium beides, Freude und Ernst, Freude und Trauer, aber eben beides. „Freut euch mit den Fröhlichen und weint mit den Weinenden!" (Röm 12,15) Oder wie die große heilige Theresia es ausgedrückt hat: „Wenn Rebhuhn, dann Rebhuhn; wenn Buße, dann Buße." Alles zu seiner Zeit. Aber selbst in der Zeit der Buße: „Wenn ihr fastet, macht kein finsteres Gesicht!" (Mt 6,16) Und selbst in der Zeit der Trauer: „...damit ihr nicht trauert wie die anderen, die keine Hoffnung haben" (1 Thess 4, 13). „Seid fröhlich in der Hoffnung!" (Röm 12,12)

Weil mir das mit dem Rebhuhn und der Buße so gut gefällt, und weil mir die heilige Theresia von Avila (auch) deshalb so sympathisch ist, möchte ich doch noch den ganzen Abschnitt zitieren, der im Buch von Walter Nigg (einem evangelischen Theologen) „Große Heilige" (Seite 265/266) steht: *In ihrem Kloster wollte sie keine griesgrämliche Stimmung dulden. „Gott bewahre mich vor Heiligen mit verdrießlichen Mienen", sagte sie. Sie selbst war von heiterer Gemütsart und besaß viel Sinn für Humor. Mit ihrem köstlichen Lachen hat sie mehr als eine ungemütliche Situation gemeistert. Ungeniert konnte sie nach verzuckerten Orangenblüten verlangen, „kosten sie, was sie* wollen". Welche Seele spricht aus dem einen Satz: „Ich muß über mich selbst lachen, daß ich Ihnen für die Sendung von Backwerk, Geld und anderen Geschenken nichts zu geben weiß als einen Bußgürtel." Die Klosterfrau von Avila konnte ebensogut lange Fasten halten wie auch wiederum gerne geröstete Speckschnitten essen. Als bei einem Besuche ihre Lieblingsspeise aufgetragen wurde und darob eine Laienschwester eine geringschätzige Bemerkung über diese heilige Person machte, welche solchen Genüssen zugetan sei, gab sie ihr lachend die prachtvolle Antwort: „Lobe lieber die Freundlichkeit deines Herrn und merke dir: wenn Rebhuhn, dann Rebhuhn, wenn Buße, dann Buße." Die schlagfertige Bemerkung ist mehr als nur eine witzige Bemerkung; in ihr steckt eine Weisheit, die man sicher unbedenklich zum Vorbild nehmen darf.

Apropos Vorbild. Sollten wir uns nicht etwa auch die folgende Beschreibung des perfekten Pfarrers zum Vorbild nehmen?
„Der perfekte Pfarrer predigt genau zehn Minuten. Er verdammt die Sünde rundum, tut dabei aber niemandem weh. Er arbeitet von acht Uhr morgens bis Mitternacht und ist auch der Hausmeister der Kirche. Der perfekte Pfarrer verdient 1.000 Mark in der Woche, ist gut angezogen, fährt ein neues Auto, kauft gute Bücher zu seiner Weiterbildung und spendet 80 Mark wöchentlich für gute Zwecke. Er ist 29 Jahre alt und hat dabei 40 Jahre Lebenserfahrung. Vor allen Dingen, er sieht gut aus. Der perfekte Pfarrer hat ein brennendes Verlangen, mit Jugendlichen zu arbeiten und verbringt die meiste Zeit mit älteren Menschen. Er

lächelt die ganze Zeit mit ernstem Gesicht, denn er hat Sinn für Humor, der ihn fest seiner Pfarrei verpflichtet. Er macht täglich fünfzehn Hausbesuche und ist immer in seinem Büro erreichbar, wenn man ihn braucht. Der perfekte Pfarrer hat immer Zeit für Pfarrgemeinderat und Kirchenverwaltung und die entsprechenden Ausschüsse. Er versäumt keine Sitzung irgendeiner kirchlichen Organisation und ist immer beschäftigt mit der Missionierung der Unkirchlichen. Den perfekten Pfarrer gibt es immer nur in der Nachbarpfarrei bzw. 'mit Leib und Seele' im Fernsehen."

Und vielleicht sollten wir häufiger auch einmal mit einem Schmunzeln beten. **Touristengebet:**
Himmlischer Vater, schau herab auf deine bescheidenen und gehorsamen Diener, denen es auferlegt ist, die Erde zu bereisen, Aufnahmen zu machen, Postkarten zu schreiben, Andenken zu kaufen und in bügelleichter Wäsche herumzuspazieren. Wir bitten dich, Herr, darauf zu achten, dass unser Flugzeug nicht entführt wird, dass unser Gepäck nicht verloren geht und unser Übergepäck unbemerkt angenommen wird. Gib uns heute göttliche Führung in der Auswahl der Hotels und veranlasse, dass unsere Vorbestellungen auch eingehalten werden. Gib uns Kraft, die Museen, die Kathedralen, die Paläste und Schlösser, die in unserem Reiseführer als absolutes „Muss" angeführt sind, zu besuchen. Und wenn wir ein historisches Denkmal auslassen, um den gewohnten Mittagsschlaf einzuhalten, habe Mitleid mit uns, o Herr, denn unser Fleisch ist schwach.

Für Ehemänner: Lieber Gott, halte unsere Frauen vom Einkaufsbummel fern und schütze sie vor Gelegenheitskäufen, die sie nicht brauchen oder die wir uns nicht leisten können. Führe sie nicht in Versuchung, denn sie wissen nicht, was sie tun!

Für Ehefrauen: Allmächtiger Gott, bewahre unsere Ehemänner davor, dass sie fremde Frauen anschauen und sie mit uns vergleichen. Erspare ihnen, dass sie in Cafés und Nachtlokalen verrückt spielen; vor allem aber vergib ihnen nicht ihre Sünden, denn sie wissen *genau,* was sie tun!

Und wenn unsere Reise vorüber sein wird und wir zu unseren Lieben nach Hause zurückkehren, gewähre uns die Gunst, jemanden zu finden, der unsere Dias anschaut und sich unsere Geschichten anhört, damit unser Leben als Tourist nicht vergeblich gewesen ist!

„Humor ist, wenn man trotzdem lacht." Mit diesem oft gesagten, wenig bedachten und noch weniger gemachten Satz möchte ich einmal die Fastenzeit betrachten; und Jesus, der gesagt hat: „Wenn ihr fastet, macht kein finsteres Gesicht wie die Heuchler ..." Meine Mutter hat ihren Frohsinn auch in der Fastenzeit nicht verloren und – was wohl noch mehr zählt – auch dann nicht, wenn es ihr dreckig ging. Sie war oft sehr krank und hatte Schmerzen. Aber auch dann und gerade dann hat sie immer wieder gesagt: „Wenn ich mal tot bin, müßt ihr halt mein Maul extra totschlagen." Das ist Humor, der **trotzdem** lacht. Wenn's einem ums Lachen ist oder wenn alle lachen, kann jeder lachen. Humor ist, wenn man **trotzdem** lacht.

Außer von meiner Mutter habe ich das von Thomas Morus gelernt. Dieser englische Humanist und Lordkanzler und Heilige (1478-1535) hatte den Ehescheidungsprozess seines Königs Heinrichs VIII. aus Gewissensgründen abgelehnt, auch den Eid auf die neue anglikanische Staats-Kirchen-Verfassung, und war deshalb zunächst zu Kerkerhaft verurteilt worden. Auch dort beugte er sich nur so, dass er zum Kerkermeister sagte: „Wenn ich mich hier über Wohnung und Kost beschwere, dann werfen Sie mich ruhig hinaus." Das ist Humor, wenn man trotzdem lacht. Und als er schließlich zum Tod verurteilt und zum Schafott geführt wurde, zog er unter dem Fallbeil seinen langen Bart zur Seite und sagte: „Der hat doch wohl keinen Hochverrat begangen". Echter Galgenhumor – nein, mehr. Jedenfalls ein Beispiel für „Humor ist, wenn man trotzdem lacht." Von diesem heiligen Thomas Morus stammt das Gebet um Humor (hätten Sie gedacht, dass man um Humor beten kann oder darf?), das bei uns im „Gotteslob" Nr. 8,3 steht und das, wenn man es richtig liest und versteht, auch in die Fastenzeit passt:

„Schenke mir eine gute Verdauung, Herr, und auch etwas zum Verdauen. Schenke mir Gesundheit des Leibes, mit dem nötigen Sinn dafür, ihn möglichst gut zu erhalten.

Schenke mir eine heilige Seele, Herr, die das im Auge behält, was gut ist und rein, damit sie im Anblick der Sünde nicht erschrecke, sondern das Mittel finde, die Dinge wieder in Ordnung zu bringen. Schenke mir eine Seele, der die Langeweile fremd ist, die kein Murren kennt und kein Seufzen und Klagen, und laß nicht zu, daß ich mir allzuviel Sorgen mache um dieses sich breit machende Etwas, das sich „Ich" nennt.

Herr, schenke mir Sinn für Humor, gib mir die Gnade, einen Scherz zu verstehen, damit ich ein wenig Glück kenne im Leben und anderen davon mitteile."

Christentum, Evangelium, Froh-Botschaft muss, wenn man sie ernst nimmt, froh machen. Und das muss sich irgendwo ausdrücken; zumindest im Sinn für Fröhlichkeit, Witz und Humor. Wenn man schon selber keinen Spaß machen kann, sollte man wenigstens Sinn dafür haben. Die ganz großen Christen, die Heiligen, haben das verstanden. „Ein trauriger Heiliger ist ein trauriger Heiliger", hat Franz von Sales gesagt. Und: „Erwecken Sie in Ihrem Geist oft das Gefühl der Freude und Fröhlichkeit und glauben Sie fest, daß dies der wahre Geist der Frömmigkeit ist." Und Theresia von Avila: „Gott bewahre mich vor Heiligen mit verdrießlicher Miene."

Übrigens, der gewiss ganz strenge Christ John Wesley, der Begründer der methodistischen Kirche, hat doch wohl auch Sinn für Humor gehabt. Von ihm lese ich: „John Wesley mußte viel Spott und Verfolgung von solchen Zeitgenossen hinnehmen, denen sein Dringen auf ein Leben völliger Heiligkeit ein Dorn im Auge war. Eines Tages wanderte er auf einem schmalen Wege in Gedanken versunken dahin. Ein Lord kam ihm entgegen, der ihm und seinen Bestrebungen durchaus nicht grün war, blieb dicht vor ihm stehen und sagte barsch: „Ich gehe keinem Narren aus dem Wege!" Wesley trat gelassen zur Seite, zog höflich den Hut und entgegnete liebenswürdig lächelnd: „Aber ich tue das recht gern", und setzte ruhig seinen Weg fort. Ist das nicht vorbildhaft für einen fröhlichen Christen?

Apropos Vorbild. Der heilige Franz von Sales hat gesagt: „Mit einem Tropfen Honig fängt man mehr Fliegen als mit einem Fass voll Essig."

Ich wünsche uns, dass wir immer einige Tropfen Honig in unsrem Vorrat haben – auch in der österlichen Bußzeit. Vergiss die Freude nicht!

Die Leute in der Kirche
zum Lachen bringen
Osterwitz und Osterlachen

von
Pater Josef Danko

Pfarrer, quer durch die Konfessionen, lassen den Osterwitz und das Osterlachen (lateinisch: „risus paschalis") wieder aufleben. Das stammt aus der Barockzeit und wurde praktiziert vom 14. bis zum 19. Jahrhundert. Da musste an Ostern der Prediger in seiner Predigt einen kräftigen Osterwitz loslassen und die Leute zum Lachen bringen. Vom Inhalt her hat er nicht unbedingt etwas mit „Ostern" zu tun. Es musste einfach ein guter Witz sein.

Leicht war und ist es freilich nicht mit dem Osterwitz. Eine entscheidende Vorbedingung ist: Die Feiernden im Ostergottesdienst müssen dafür aufgeschlossen und der Erzähler des Osterwitzes muss fit dafür sein. Dazu muss der Witz in die Stimmung des Gottesdienstes hineinpassen.

WARUM OSTERWITZE?
Ursprünglich sollte der Osterwitz die Überlegenheit des auferstandenen Christus über den Teufel und die Mächte der Hölle deutlich machen: Christus ist auferstanden, er hat Tod und

Hölle besiegt, die Christen freuen sich – das war die Reihen-folge. Deshalb dann ein Osterwitz. Es wird berichtet: In der Kathedrale von Chartres tanzte der Bischof mit seinem Dom-kapitel durch die Zeichnung des Labyrinths im Boden der Kathedrale, um zu zeigen, dass der Teufel und seine Bemühun-gen um Verwirrung keinen Erfolg hatten. Christus war nun einmal der Stärkere über alle Mächte der Finsternis. Darum: Lacht, ihr Christen, lacht!

Auch die Liturgie trägt zur Osterfreude bei: Es darf ab der Osternacht wieder Halleluja gesungen werden, das in der Fastenzeit grundsätzlich nicht gesungen wird. Die Osterkerze steht wieder im Kirchenraum. Der Pfarrer raucht wieder (wenn er in der Fastenzeit darauf verzichtet hat). Die Kirche hat wieder Blumenschmuck und die Altarbilder werden wieder gezeigt. (Denn mancherorts sind sie verhängt und es hängt dort ein sogenanntes „Hungertuch", damit auch die Augen fasten). Die Orgel spielt wieder kräftig, die in der Fastenzeit nur dezent spielen sollte. Man schaut alles viel freudiger an und singt viel freudiger, wenn man darauf in der Fastenzeit über 40 Tage wirklich verzichtet hat.

Dahinein passt das Osterlachen und der Osterwitz. Zumindest zum Schmunzeln sollte der Pfarrer an Ostern die Gemeinde schon bringen, wenn schon nicht zum fröhlichen Lachen. Manchmal gelingt es unbewusst: „Ich wünsche Ihnen ein schönes Weihnachtsfest!" sagte ein würdiger Dekan ganz ernsthaft am Ende der Osternachtsfeier – und wunderte sich, dass die Leute alle grinsten. (Aber vielleicht hat er gänzlich unbewusst auch gemeint, dass er viele Gläubige erst am Heiligen Abend zur Christmette wieder sieht ...).

TIPPS ZUM ERZÄHLEN VON OSTERWITZEN

Es braucht einige Vorbedingungen und dazu viel Fingerspitzengefühl, damit der Osterwitz am Ende der Osternachtsfeier oder am Ostersonntag auch wirklich ein Osterlachen hervorruft.

- Ich muss wissen, ob ich Witze erzählen kann oder nicht. Bin ich nämlich auch im Alltag ein relativ humorloser Mensch, dann gelingt mir der Osterwitz kaum. Ich lasse es lieber bleiben.

- Ich muss den Witz wirklich intus haben und ihn frei erzählen. Ein Vorlesen aus dem Witzbuch tötet die Stimmung.

- Der Witz muss in die Situation passen. Nicht jeder Witz eignet sich für die Kirche und nach einem großen Festgottesdienst. Mancher Witz passt eben höchstens zum Stammtisch und in eine fröhliche, weinselige Runde, aber nicht zum gottesdienstlichen Rahmen.

- Ich muss wissen: Mit dem von mir ausgewählten Witz kann ich es nicht allen recht machen, die in der Kirche sind. Die einen stört der Witz überhaupt, andere sind dafür nicht aufgelegt, und wieder andere lachen erst zu Hause im Keller.

- Ich muss und kann schließlich auch während des Jahres humorvoll Dinge zur Sprache bringen: Anekdoten, humorvolle und treffende Zitate, Bonmots, Frohmachendes und Aufheiterndes, eine fröhliche Geschichte ... Dann weiß ich schon vorher, ob die Gemeinde für solche Sachen aufgeschlossen ist.

BEISPIELE FÜR MÖGLICHE OSTERWITZE

Thema der Predigt war die Auferstehung und die Herrlichkeit des ewigen Lebens bei Gott. In leuchtenden Farben malte der Prediger den Himmel aus. Da fragt ein junger Mann dazwischen: „Eins ist mir nicht klar: Wie werde ich das weiße Engelshemd über meine Flügel kriegen?"
Peinliche Stille. Der Prediger schaut den Frager freundlich an: „Das soll nicht deine Sorge sein, mein Lieber. Deine Sorge ist vielmehr, wie du den Hut über die Hörner kriegst."

Der stadtbekannte Kapuzinerpater führt mit der Straßenbahn vom Kloster zum Dom. Im Bart hat er eine Suppennudel hängen. Ihm gegenüber sitzt ein Bekannter und sagt: „Herr Pater, heute kann ich hellsehen!"
„Was meinst Du damit?"
„Ich kann hellsehen und Ihnen sagen, welche Suppe Sie heute gegessen haben. Eine Nudelsuppe."
Schüttelt der Pater den Kopf: „So kann man sich täuschen; die haben wir schon vor drei Tagen gehabt."

Aus Irland stammt diese Geschichte:
Es gibt überhaupt keinen Grund, traurig zu sein! Bedenke, das Leben hält immer zwei Möglichkeiten für dich bereit. Nehmen wir an, du erkrankst. Da kannst du gesund werden – oder sterben. Wenn du gesund wirst, besteht kein Grund, traurig zu sein. Wenn du stirbst, gibt es immer noch zwei Möglichkeiten: Du kommst in den Himmel oder in die Hölle. Wenn du in den Himmel kommst, besteht kein Grund, traurig zu sein. Kommst

du aber in die Hölle, so bist du unentwegt damit beschäftigt, vielen bekannten Menschen die Hände zu schütteln, so dass du darüber keine Zeit hast, traurig zu sein ...

In Texas, kurz vor der Predigt, bat ein Gemeindemitglied den Pfarrer, dass man den Cowboy Billy, der von einem Bullen auf die Hörner genommen worden war, ins Gebet einschließen möge. Der Pfarrer begann: „Man hat die Bitte an mich herangetragen, für den Cowboy Billy zu beten, der im Krankenhaus liegt, weil ihn ein Bulle auf die Hörner genommen hat." Der Pfarrer räusperte sich, machte eine bedeutungsvolle Pause und fügte hinzu: „Da wir Billy kennen und wissen, was er nach der Entlassung aus dem Krankenhaus tun wird, wollen wir auch den Bullen in unser Gebet einschließen."

Wer zuletzt lacht, lacht am besten. Gott sei Dank, die Erlösten haben etwas zum Lachen! Denn „Gott wird abwischen alle Tränen von unseren Augen."

Der Witz
in den christlichen Traditionen

Der katholische Witz

von
Pater Josef Danko

„Humor ist eine Erscheinungsform der Religion", schreibt der englische Schriftsteller Gilbert Keith Chesterton. Der jüdische Religionsphilosoph Martin Buber sagt sogar: „Humor ist der Bruder des Glaubens." Aber noch allgemeiner gilt: Humor ist etwas durch und durch Menschliches. Man mag deshalb jene fürchten, die nicht lachen können und jene bedauern, die nichts zu lachen haben. Warum hat der 33-Tage-Papst Johannes Paul I. auf die Menschen solchen Eindruck gemacht? befragte sich selber ein Witzfan. Und er antwortete hintergründig: „Er hat in der Kirche das Lachen eingeführt."

Ob es einen „rein katholischen Witz" gibt? Manche Witze sind sowieso Wanderwitze zwischen den Religionen und Konfessionen. Da spielt wechselweise ein Pfarrer, ein Pastor oder ein Rabbi oder gar ein Jesuit die Hauptrolle – je nach Zuhörerschaft. Nebenbei gefragt: „Wissen Sie, was ein Jesuit ist?" – „Das sind Leute, die alles wissen, aber sonst gar nichts!" Nun also ein erster Wanderwitz:
Beim Arzt ist ein katholischer Pfarrer (oder ein evangelischer Pastor oder ein jüdischer Rabbi oder ...) wegen Heiserkeit in Behandlung. Der Arzt fragt: „Reden Sie womöglich im

Schlaf?" – *„Nein, da habe ich keine Probleme. Ich rede vielmehr, wenn andere schlafen."*

Und noch so ein Witz, bei dem die Herkunft der Geistlichen je
nach den Zuhörern geändert werden:
*Beim Stammtisch der Geistlichen geben drei von ihnen preis,
wie sie es in der Kirche mit dem Kollektengeld halten.*
*Der katholische Pfarrer: „Ich mache einen Strich auf den
Boden. Das Geld, das auf den Strich fällt, gehört mir; das
andere bekommt die Kirche."*
*Der evangelische Pastor: „Ich mache einen Kreis auf den
Boden. Was innerhalb des Kreises fällt, gehört mir; was
außerhalb zu liegen kommt, bekommt die Kirche."*
*Der Rabbi rollt mit den Augen und meint: „Ich weiß nicht, was
ihr für Probleme habt. Ich werfe das Geld einfach in die Luft
und sage Gott, er soll sich direkt nehmen, was er davon
möchte, – und der Rest gehört dann mir."*

Der typisch katholische Witz geht über die katholischen „Be-
sonderheiten" und über kirchliche Eigenarten in der katholischen Welt. Dabei ist er einfach nur mal unterhaltend, wenn er
menschliche Schwächen der kirchlichen Amtsträger aufgreift,
klerikale Fehlhaltungen benennt, die „kleinen Sünden" über-
treibt und das Leben der „Großen der Kirche" auf die Schippe
nimmt. Vielfach hat dieser Witz eine Ventilfunktion: der Witz
hilft, Dampf abzulassen. Denn er kommt manchmal leicht
blasphemisch oder sexistisch daher, kratzt an der Autorität der
Amtsträger. Natürlich nimmt er auch die kleinen Schwächen
der Messner, Organisten, der studierten Laienmitarbeiter und
nicht zuletzt das Kirchenvolk selber aufs Korn:

„Meinen Sie, dass das Zölibat abgeschafft wird?" fragt ein Pfarrer seinen Kollegen beim monatlichen Treffen. Der gibt nachdenklich zurück: „Wir selber werden es wohl nicht mehr erleben, aber sicher unsere Kinder!"

Eine Stufe höher in der Hierarchie stehen Bischöfe und Kardinäle. Manche schreiben gern immer an die höchste Stelle, andere scheuen sich, den Bischof anzusprechen. Der Witz nimmt sich der hohen Herren an. –
Warum machen Bischöfe so gerne Urlaub in den Bergen? Weil sie dort so viel Echo finden.

Die Verbindung von Pfarrer und Bischof besteht nicht ohne Spannungen. Schließlich muss der Bischof gelegentlich Problemfälle ansprechen.
Der Bischof hat sich zur Visitation angemeldet. Schneller als erwartet steht er im katholischen Pfarrhaus. Pfarrers Kinder rennen im Haus herum. Der Bischof schaut etwas irritiert auf sie und auf die appetitliche Köchin. Jedoch der Pfarrer hat sich schnell gefasst und erklärt gelassen: „Da müssen Sie sich nichts dabei denken, Herr Bischof. Das sind die Neffen und Nichten von meinem Bruder!"

Dabei besteht ja der Unterschied zwischen einem katholischen und einem evangelischen Pfarrer darin, so weiß es ein bissiges Gemeindemitglied beim Stammtisch, dass der evangelische Pfarrer die Windeln in seinem eigenen Garten aufhängt und trocknet, und der katholische Pfarrer sie im ganzen Dorf hängen hat ... Dabei wird der Pfarrer von seinen Leuten in der Gemeinde durchaus ernst genommen und auch geliebt. Und wenn er einmal stirbt, sagt man: „Der Pfarrer segnet das Zeitliche". Nur von einem Bischof hieß es mal resignierend: „Er segnet alles, nur nicht das Zeitliche".

Der Bischof kommt in eine Gemeinde zur Visitation. Nach dem Gottesdienst, in dem er auch die Predigt gehalten hatte, besichtigt er die Kirche. Als er in der Sakristei die feuchte, schimmelige Wand erblickt, stichelt er den Pfarrer, der ihn begleitete: „Das kommt wohl von Ihren verwässerten Ansprachen?" Der Pfarrer mutig: „Herr Bischof, der Wand würde es rasch besser gehen, wenn Sie öfters kämen und Ihre trockenen Predigten hielten."

Ganz oben und typisch katholisch steht der Papst. Je beliebter er ist, desto mehr Anekdoten werden von ihm erzählt.

So musste sich der Papst, der viel zu segnen und zu sagen und zu entscheiden hatte, eines Tages oder besser beim Tagesrückblick stressmindernd sagen: „Nimm dich nicht so wichtig!" So hat es der liebenswürdige Papst Johannes XXIII. selber überliefert. Und ebendieser Johannes XXIII. hat sofort den Lohn der Angestellten heraufgesetzt, die ihn im Petersdom zu tragen hatten, damit ihn alle Leute auch gut sehen konnten. Er meinte: „Schließlich bin ich doch schwerer als mein asketischer Vorgänger Pius XII."

Natürlich gibt es auch Witze in der Verbindung von Papst und Politik.

Franz Josef Strauß, der bekannte bayerische Politiker, wurde vom Papst in Privataudienz empfangen. Der Papst erlaubte ihm, sich eine besondere Gnade auszubitten. „Heiliger Vater", sagte FJS, „ich wünsche mir nur eines, dass ich schon zu Lebzeiten heilig gesprochen werde. Das wäre gut für die nächste

Wahl!" – „Zu Lebzeiten, das geht nicht", erwiderte mit fester Stimme der Papst, „das ist erst möglich, wenn Sie tot sind. Aber ich mache ihnen einen Vorschlag: Stellen Sie sich schein-tot, und ich spreche Sie mit Vergnügen scheinheilig."

Papst Johannes Paul II., – er hatte eher eine sportlich-asketische Figur – ließ sich ein kleines Schwimmbad in seine Sommerresidenz in Castelgandolfo einbauen. Den Kritikern an dieser Baumaßnahme erklärte er, dass er damit gesundheitlich auftanken könne, denn schließlich sei eine Papstwahl doch sehr viel teurer als so ein Schwimmbad.

Da gibt es auch den schön erfundenen Witz, dass der Papst mit seinem Sekretär erstmals am Männertag in eine römische Sauna gegangen ist. Es hat ihm sehr gut gefallen. Deshalb sagte er zum Bademeister: „Morgen komme ich wieder hier-her!" Der will ihn warnen: „Aber, Eure Heiligkeit, das wird nicht gut gehen, denn morgen ist gemischte Sauna!" Darauf der Papst: „Das macht mir nichts aus. Auch mit Evangelischen verstehe ich mich sehr gut."

Bleiben wir beim Wasser, bei der erwünschten Abkühlung und bei einem See und einem Witz, der mit hoher Geistlich-keit, Tabus und irgendwie mit dem Zölibat zu tun hat.

Der Bischof und sein Sekretär sind mit dem Auto unterwegs. Große Hitze und in Sichtweite lächelt ein kühler See und lädt zum Bade ein. Der Bischof denkt an eine kleine Abkühlung, lässt anhalten, schaut sich um, sieht keine Leute und will ein kühles Bad nehmen. „Aber wir haben doch keine Badehosen dabei", erinnert ihn der Sekretär. Darauf der Bischof: „Hier ist doch sonst niemand, da können wir schon ohne Badehose ins Wasser gehen." Gesagt, getan. Kaum sind sie im Wasser,

kommt ein Bus daher. Mit geübtem Auge erkennen die geist-
lichen Herren ausgerechnet eine Ausflugsfahrt des Frauen-
bundes. Also, nichts wie raus aus dem Wasser und zum Auto
hingespurtet. Der Bischof hält die Hände vor sein nacktes edles
Teil. Der Sekretär ruft ihm verzweifelt zu: „Herr Bischof, nicht
unten zuhalten, sondern oben, das Gesicht! Unten erkennt Sie
niemand!"

Die Pastoralreferentin muss auch schon mal herhalten für ein
Späßchen. Das ist natürlich leicht machomäßig angehaucht. Es
könnte jedoch auch für andere gelten, sogar für Männer.
Die Pastoralreferentin trifft ihren Autohändler. Der spricht sie
an: „Na, waren Sie eigentlich die letzten drei Wochen krank?
Ich hatte gar keine Reparatur an Ihrem Auto zu machen ..."

Eine Nonne ist unterwegs zu einem Krankenbesuch, als ihr
Auto auf der Landstraße liegen bleibt. Kein Benzin mehr im
Tank, und sie hat keinen Reservekanister dabei. Bevor Sie sich
zur nächsten Tankstelle aufmacht, überlegt sie, in welchem
Gefäß sie das Benzin holen könnte. Kurz entschlossen ent-
nimmt sie der Krankenpflege-Ausrüstung eine Bettflasche. Der
Tankwart wendet seine ganze Kunst auf, die Flasche zu füllen,
und die Nonne macht sich auf den Rückweg. Sie versucht
gerade, den Inhalt der Bettflasche vorsichtig in den Einfüll-
stutzen zu gießen, als ein Lastwagenfahrer vorbeikommt. Er
hält an, kurbelt das Fenster runter und sagt: „Schwester, Ihren
Glauben möchte ich haben."

Die Bibel bietet keinen besonderen Anknüpfungspunkt für
speziell „katholische" Witze. Denn die Bibel und die damit
verbundenen Missverständnisse, Unsicherheiten, Probleme und

Witze sind grenzüberschreitend. Vielleicht nur einen aus dieser Richtung.

Da kommt ein Jesuit, der bei archäologischen Ausgrabungen beteiligt ist, aufgeregt zu seinem Generaloberen gelaufen: „Herr Pater General, stellen Sie sich vor, wir haben bei den Ausgrabungen das Grab Jesus gefunden, und darin sein Skelett!" Darauf der General mit einem frohen Aufblick nach oben: „Dann hat Jesus also doch gelebt!"

Speziell und eher typisch katholisch sind dagegen Witze aus dem Bereich der Sakramente, der Bräuche und Gepflogenheiten, aus dem kirchlichen und familiären Leben, aus Glaube und Lehre, aus dem christkatholischen Alltag.

Zum Beispiel Beichte:

Im Dorf gastiert ein kleiner Zirkus. Der Direktor, katholisch und auf gute Werbung bedacht, geht zur Beichte. Er beginnt seine Beichte: „Ich bin Artist und mache auch jeden Tag einen Salto mortale ..." Der Pfarrer unterbricht ihn: „Was ist denn das?" Der Artist: „Warten Sie einem Moment. Ich zeige Ihnen draußen vor dem Beichtstuhl mal einen, damit Sie es sehen können." Er geht hinaus, nimmt Anlauf und macht im Sprung zwei Umdrehungen. Dann geht er wieder in den Beichtstuhl und beichtet zu Ende. Nach ihm kommt eine alte Bäuerin in den Beichtstuhl und fleht: „Bitte, Herr Pfarrer, mir geben Sie bitte keine so schwere Buße auf, das schaffe ich nicht ..."

Zum Beispiel Beerdigung:

Ins katholische Pfarrhaus kommt ein Mann, dessen treuer Hund gestorben ist. Er will ihn beerdigen lassen.
„Können Sie das machen, Herr Pfarrer?"
Der Pfarrer lehnt empört ab.

„Herr Pfarrer, ich bin auch bereit, Ihnen für die Beerdigung des Hundes 500 Euro zu bezahlen."
Darauf der Pfarrer: „Selbstverständlich, lieber Mann, warum haben Sie nicht gleich gesagt, dass Ihr Hund katholisch ist?"

Die folgenden Witze sind zwar aus der „katholischen Welt", aber doch auch konfessionsübergreifend und könnten damit in jeder kirchlichen Gemeinschaft spielen.

Die Taube ist zwar ein liebliches Geschöpf und sogar ein Sinnbild für den Heiligen Geist. Aber wo sie sitzen und nisten, schaffen sie viel Verunreinigung. Ein Pfarrer wollte sie von seinem Kirchengebäude vertreiben. Er hob ihre Nester aus, ließ unerwartet die Glocken läuten und spannte schützende Netze. Nichts half. Sie kamen immer wieder zurück. „Was soll ich nur tun?" fragte er einen Amtsbruder. Der antwortete: „Ich hatte mit den Tauben das gleiche Problem. Ich habe sie einfach getauft und gefirmt; seitdem haben sie sich in der Kirche nicht mehr blicken lassen!"

Nicht jeder Pfarrer ist gleich ein Billy Graham, ein Pater Leppich oder ein Professor Drewermann, die fast automatisch die Kirchen füllen und die Menschen in Massen anziehen.

Es klagte ein Pfarrer: „Jetzt habe ich schon alles versucht: Die Kirchenbänke gepolstert, jeden Sonntag eine gute Band für Musik und die Lieder, kurze Predigten, Aerobic im Gottesdienst – aber die Leute kommen immer weniger. Was soll ich noch alles unternehmen?" – Darauf sein Kollege: „Versuch es doch mal mit Religion!"

Manchmal verhilft die Technik im Gotteshaus zu einem unerwarteten Witz.

Ein Kapuzinerpater kam zur Aushilfe in eine Gemeinde und merkt, dass das Mikrofon irgendwie nicht funktioniert. Er klopft mit dem Finger dagegen und sagt: „Mit dem Mikrofon stimmt etwas nicht." Liturgisch korrekt antwortet die Gemeinde: „Und mit deinem Geiste."

Manches Witzgut ist irgendwie apologetisch angehaucht und will unerwartete fromme Rechtfertigungen für den Glauben liefern.

Da ist Kevin, der von seinen Eltern bewusst atheistisch erzogen worden ist. Eines Tages stellt er jedoch eine Frage, bei der sein Vater wohl ziemlich irritiert geschaut haben muss: „Du, Vati, weiß der liebe Gott eigentlich, dass es ihn gar nicht gibt?"

„Ich suche ein Buch für einen Kranken", erklärt die Frau der Buchhändlerin.
„Etwas Religiöses?"
„Nein, nein, es geht ihm schon besser!"

Radio Eriwan wusste zu jenen alten Zeiten genau Bescheid.
Frage an Radio Eriwan: „Kann man als Kommunist auch gleichzeitig ein guter Katholik sein?"
Antwort: „Im Prinzip ja, aber warum wollen Sie sich das Leben doppelt so schwer machen?"

Die Verehrung der Apostel und der Heiligen versteht sich zwar nicht rein katholisch, bietet jedoch Platz für manchen Witz.
„Wer ist der himmlische Schutzpatron in Steuersachen?"
„Es ist der heilige Apostel Bartholomäus. Dem haben sie bei lebendigem Leib die Haut abgezogen."

Ganz zum Schluss noch ein Blick auf die „letzten Dinge", die einen Mann Gottes treffen können.

Ein Pfarrer schlägt die Morgenzeitung auf und liest dort seine eigenen Todesanzeige. Ganz außer sich ruft er seinen Bischof an, um die Sachlage richtig zu stellen. Der Bischof weiß gleich Bescheid: „Ja natürlich habe ich die Zeitung gelesen. Aber sagen Sie – gibt es dort Telefon, wo Sie jetzt sind?"

Wer gut Witze erzählt, holt „Altes und Neues aus seiner Schatzkammer" hervor – so ein abgewandeltes Jesuswort. Es gibt keine „alten Witze". Nur langatmig und schlecht erzählte. Jedoch wächst für die „alten Witze" immer eine Generation heran, die sie noch nicht kennt, für die also der Witz ganz neu ist. Und das Gute an den „katholischen (evangelischen, jüdischen ...) Witzen" ist: Sie gehen über die Konfessionen und Religionen hinweg. Sie schaffen Verbindungen, die halten.

Der orthodoxe Witz

von
Reverend John Watson

Die Hierarchie der orthodoxen Kirche ist die wahre Zielscheibe des ‚orthodoxen' Witzes. Aber die Geschichte von diesen Anekdoten ist stets lang, komplex und wiederholt sich ständig, auch wenn sie dauernd aktualisiert werden. In Russland gibt es eine lange Tradition von Witzen, die den Klerus betreffen:

An einem Uferabschnitt des Neva-Flusses saß ein Bischof und angelte. Den ganzen Tag lang hatte nichts angebissen, aber der Bischof trug sein fließendes schwarzes Gewand und den Klobuk (die große, schwarze ofenrohrartige Kopfbedeckung mit einem Schleier, der in der Mitte des Rückens herunterhängt). Gegen Abend kam ein kleiner Junge mit einer selbst gebastelten Angel. Innerhalb von zwanzig Minuten fing der Junge sechs Fische. Das erstaunte den Bischof. Er fragte den Bub, warum er in so kurzer Zeit so viele Fische gefangen hatte, er selbst dagegen überhaupt nichts. „In dem Aufzug werdet Ihr niemals etwas fangen," sagte der Junge. „Wenn die Fische Euer Outfit sehen, werden sie sich nicht trauen, den Mund aufzumachen."

Bei Reisen nach Griechenland stößt man auf eine stärkere Tradition von Witzen aus dem weltlichen Bereich, allerdings manchmal auch mit einer leicht orthodoxen Pointe. Aber es fällt auf, dass viele alte orthodoxe Witze in Europa an die entsprechenden Gepflogenheiten angepasst wurden, mehr noch in den USA, wo Konversionen zur Orthodoxie immer zahlreicher werden. Ähnliche Adaptionen findet man unter orthodoxen Gemeinden des Orients außerhalb von Ägypten, Syrien und Armenien.

In der amerikanischen orthodoxen Kirche hören wir eine dezente, satirische Nachahmung eines allseits bekannten Liedes. Die nachgemachte Version strebt sowohl nach theologischer Spaßmacherei als auch nach völligem Nonsens. Aber man darf sagen, dass dieses Lied zu Recht mehr als bloß ein bisschen unterhaltsam ist. Das Musical *Mary Poppins* gelangte wohl vor allem wegen des ungewöhnlichen Stücks namens „Superkalifragelistikexpialigetisch" (im Englischen: *Supercalifragilisticexpialadocious*) zu besonderer Berühmtheit. Die neue Variante darf man Herrn D. Idzikowski von der Orthodoxen Kirche in Amerika zuschreiben. Der folgende Text bezieht sich ganz offensichtlich auf die Theologie der orthodoxen Hierarchien:

„ *'Superchristological' and 'Homoousios'*
Even though the sound of them is something quite atrocious
Bishops always count on both to put an end to Gnosis „ 'Super-
christological' and 'Homoousios'
Theological Chorus of Bishops and People: Chorus:
Um diddle diddle diddle um diddle ay
Um diddle diddle diddle um diddle ay

Now Origen and Arius were quite a clever pair.
Immutable divinity made Logos out of air.
But then one-day a patriarch gave Arius a slap –
And told him if he can't recant, he ought to shut his trap! –
Chorus

Heresies are arguments that you might find attractive,
But don't forget that bishops are amongst the most reactive.
Just play it safe, and memorise the bishops' words together,
For in the end you'll find, my friend, that we may live forever.

Chorus: Um diddle diddle diddle um diddle ay.
Um diddle diddle diddle um diddle ay".

Auf Deutsch:
„Superchristologisch" und „Homoousios",
wenngleich die beiden Wörter ziemlich grauenhaft klingen,
greifen Bischöfe doch immer wieder gern darauf zurück,
um der Gnosis ein Ende zu machen.
„Superchristologisch" und „Homoousios"

Dum didel didel didel dum didel dei
Dum didel didel didel dum didel dei

Origenes und Arius waren beide clevere Denker.
Unwandelbare Göttlichkeit schuf den Logos aus dem Nichts.
Aber dann gab ein Patriarch Arius eines Tages einen Klaps
und befahl ihm, die Klappe zu halten,
wenn er nicht widerrufen könne.

Häresien als Argumente findest Du womöglich attraktiv,
Aber vergiss nicht, Bischöfe sind vor allem eines: reaktiv.
Bleib bei der sicheren Variante und lern die Worte des
Bischofs, denn am Ende stellt sich vielleicht noch heraus, mein
Freund, dass wir unsterblich sind.

Refrain des theologischen Chores aus Bischöfen und Laien:
Dum didel didel didel dum didel dei,
Dum didel didel didel dum didel dei.

Sogar im Reich der orthodoxen Doktrin üben kleine Seitenhiebe auf die universale orthodoxe Hierarchie anscheinend große Anziehungskraft auf orthodoxe Laien in Ost und West aus:

„Wie viele Orthodoxe braucht man, um eine Glühbirne hinein-zuschrauben?"

Da die Glühbirne erst vor ungefähr hundert Jahren erfunden wurde, wird das Thema „Glühbirne hineinschrauben" vom „Episkopat der Heiligen Orthodoxen Kirche nicht allgemein anerkannt". Allerdings entwickeln sich innerhalb der ortho-doxen Welt verschiedene Schulen des Denkens. Die erste – vor-nehmlich russisch –, schwört, „die Existenz einer Glühbirne niemals anzuerkennen." Die zweite – eine moderne griechisch-orthodoxe Entwicklung – ist der Auffassung, dass man die „Glühbirnen-Frage" irgendwann innerhalb des nächsten Jahr-hunderts zum Diskussionsgegenstand machen sollte, aber nur im Rahmen einer Bischofssynode. Auffällig ist, dass die Ser-bisch-Orthodoxen im Umgang mit Glühbirnen einen völligen Mangel an Selbstbeherrschung zeigen, wenn ihnen weder Grie-chen noch Russen dabei zusehen. Die Frage, wie viele Ortho-doxe man nun tatsächlich braucht, um eine Glühbirne hineinzu-schrauben, ist „eine Frage von fundamentaler Bedeutung". Will man diese Frage „aufwerfen, so mag man auf das juris-tische Herumkritteln des Vatikan und des Weltrates der Kirchen gefasst sein, aber in der Orthodoxie ist die Frage nach der Teilnahme von orthodoxen Christen wie auch die Frage nach der Wirklichkeit von Glühbirnen sehr viel ernster gelagert.'"

„Wie viele Orthodoxe braucht man für den Wechsel einer Glühbirne?"

„Das ist einfach" – mit einem starken, russischen Akzent und episkopalem Unterton in der Stimme – *„WECHSEL? Was iiiiieest daaaaass, WECHSEL?"[1]*

Theologische Debatten zwischen östlicher Orthodoxie und westlicher Christenheit werden in absehbarer Zeit Bestand haben. Das globale Christentum strebt anscheinend – ganz im Gegensatz zum Islam –, stets dem Untergang entgegen. Aber wenn östliche Orthodoxie auf römischen Katholizismus trifft, bleibt jeder Witz gleichsam bewölkt, wenn nicht gar verworren. Selbstverständlich wird der geneigte Beobachter aus einer anderen kirchlichen Gemeinschaft solche Witze, die strittige Fragen der Denomination betreffen, zumindest amüsant finden:

„Ein herausragender deutscher katholischer Theologe entwickelte ein ernsthaftes Interesse für Gabeln. Seiner römisch-katholischen Ausbildung und Tradition loyal gegenüber eingestellt, begann der Gelehrte, darüber nachzudenken, 'was die Essenz einer Gabel sei'.

Der mächtige, überlegene, bayrische Verstand kreiste die Überzeugung hervor, dass er durch eine Reduzierung der Gabel auf das absolute Minimum die 'Essenz des Gabelseins' würde begreifen können. Nach einer Phase des intensiven Denkens stellte er fest, dass Gabeln zwei Enden haben. Die eine Seite war zum Aufspießen. Die andere Seite wurde von der Person gehalten, die den Akt des „Gabelns" verfolgte. Und es ist das „Gabeln", das wir als modus operandi für den primären Auslöser des „Gabelns" bezeichnen dürfen. Hocherfreut von seinem theologisch-philosophischen Fortschritt, schlussfolgerte der deutsche Meister-Theologe und Kardinal, dass die wahre Bedeutung einer Gabel in einem Zahnstocher erkannt werden konnte.

Voller Enthusiasmus lief der Kardinal los, um einen orthodoxen Priester zu besuchen, der Professor am St. Vladimir Seminar in Crestwood, New York, war. Hastig stieß der Katholik hervor: „Eine Gabel ist ein Zahnstocher!" Der orthodoxe Theologe entgegnete ganz ruhig: „Eine Gabel, mein Freund, ist für

Speisen. Speise kommt von Gott! Speise ist für den Magen, und der Magen ist für die Speise. Gott hat sie beide erschaffen. Ehre sei Gott für Seine große Barmherzigkeit!" Da ging der Kardinal ziemlich perplex wieder nach Hause und fragte sich, wie es wohl möglich sei, mit solch seltsamen Menschen zu kommunizieren. Die orthodoxen Amerikaner aber gingen zur Kapelle von St. Vladimir und beteten für ihren armen Freund, der dachte, eine Gabel sei ein Zahnstocher.

Es wird niemanden überraschen, wenn man den Kardinal mit Joseph Ratzinger gleichsetzt, der Präfekt der „Glaubenskongregation" war. Man nannte ihn „den Inquisitor". Drei frühere katholische Theologen – allesamt Mitglieder von bedeutenden religiösen Orden auf dem europäischen Festland – schickten beinahe identische „Witze" über den kürzlich gewählten Papst Benedikt XVI. Sie waren alle orthodoxe Priester geworden. Die Mitteilungen entbehren nicht einer gewissen Bitterkeit und Schärfe, was den Leser nicht weiter verwundern wird. Angeblich hat die 'Ratzinger-Krankheit' schon mehr als hundert katholische Theologen befallen, darunter Roger Haight SJ, der zum „Union Theological Seminary" in New York, das von Witzbolden als ,Infektionsfreie Zone' bezeichnet wird, ging oder Jacques Dupuis SJ, Leonardo Boff OFM, Lavinia Byrne IBVM, Tissa Balasuriya, Charles Curran, José Faus SJ und Thomas Reese SJ, um nur einige zu nennen. Ratzinger ist übrigens durch einen anderen, sehr berühmten deutschen Theologen als 'Gottes Rottweiler' bekannt geworden. Also, hütet euch vor der 'Ratzinger-Krankheit'!"

Die Reaktion der orientalischen Orthodoxie auf den Klerus unterscheidet sich nicht allzu sehr von der im Katholizismus oder in der östlichen Orthodoxie. Dort gibt es vorsichtige Rückmeldungen auf jedwedes knallharte Dogma, aber stets unbekümmerte Reaktionen auf klerikale Ansichten. Ein koptischer Laie bietet folgende hervorragende Beobachtungen:

Sie könnten koptisch orthodox sein, wenn

- *Sie Erfahrung darin haben, lange, bedeutungsleere Predigten des Bischofs zu überstehen.*
- *Ihr Blick so getrübt ist, dass Sie normalerweise sowohl Heiligkeit als auch Autorität mit der Farbe Schwarz in Verbindung bringen.*
- *Sie sich gesegnet fühlen, wenn ein koptischer Priester Ihnen am Ende der Liturgie des Hl. Basilius Wasser ins Gesicht spritzt.*
- *Sie die Hand eines koptischen Priesters mehr als dreimal in der Woche küssen – freitags, samstags, sonntags und manchmal auch mittwochs, oder – falls es ein Bischof ist – so oft wie möglich. Ferner, wenn Sie sich vor jedem verbeugen, der einen Bart, ein langes schwarzes Gewand und einen Turban trägt.*
- *Sie wissen, dass man die Frau eines Priesters mit Tasouni anspricht.*
- *Sie bei jeder möglichen und unmöglichen Gelegenheit „Vater, vergib mir" sagen müssen, weil es einem Bischof oder einem Priester einfach so gut tut.*

Die Wahrheit über Orthodoxie ist allen orthodoxen Christen wohl bekannt, und die traurige Wahrheit ist, dass über Leben und Tod der Orthodoxie nicht selten durch Rechtsprechung entschieden wird. Im folgenden, zwar recht langatmigen, aber unvermeidbaren Witz werden wir Zeuge eines Konfliktes zwischen Coca-Cola, Pepsi und 7 Up:

„Amerikas orthodoxe Kirchen und ihre Jurisdiktion stehen vor einem großen Dilemma. Welches Soft-Getränk soll das offizielle Getränk der Orthodoxie sein? Die Auseinandersetzung begann am vergangenen Donnerstag, als Seine Heiligkeit der Patriarch Alexei von Moskau sowie alle Russen beschlossen, Pepsi zum offiziellen Soft-Getränk der Bischofssynode des Moskauer Patriarchats zu erklären. Die Orthodoxe Kirche von Amerika (OCA) erklärte daraufhin Pepsi zum offiziellen Getränk ihrer Bischofssynode. Seine Eminenz der Metropolit der OCA soll folgendes Statement abgegeben haben: „Nun, meine Kinder, es ist Zeit für uns alle hier, diese Entscheidung zu fällen. Alle orthodoxen Christen in diesem Land sollten dem Beispiel unserer heiligen Mutter, der orthodoxen Kirche in Moskau folgen.“

Diese Reaktion der OCA ließ bei den anderen eine Sicherung durchbrennen. Der Patriarch von Konstantinopel, Seine Allheiligkeit Bartholomäus I., ökologisch-grüner Patriarch und Vater der religiösen, wissenschaftlichen und umweltfreundlichen Synode der Kirche von Konstantinopel, hielt im Rahmen der Heiligen Synode ein Plädoyer, das „Coca-Cola klar als das eine, wahre Soft-Getränk all derjenigen Kirchen“ auswies, „die unter dem Thron Konstantinopels stehen“. Der amerikanische Exarch des Patriarchen wies seine Schäflein an, „Coca-Cola als das offizielle Soft-Getränk der Kirche anzuerkennen und den falschen Äußerungen über Pepsi keinerlei Beachtung zu schenken. Die Mutter Kirche der hellenisch-amerikanischen Gemeinde verehrt Coca-Cola. Wir müssen unserem Hirten folgen.“

Die karpathisch-russischen und die ukrainisch-orthodoxen Kirchen in den USA standen beide unter der Jurisdiktion von Konstantinopel. Sie feierten eine gemeinsame Doxologie in New

York, die sie als ein „absolut glorreiches Ereignis" beschrieben. Der Vorstandsvorsitzende von Coca-Cola setzte sich extra in den Flieger und nahm an dem liturgischen Zeremoniell teil. Andächtig wurde nach dem Festakt fässerweise Coca-Cola ausgeschenkt.

Patriarch Ignatius Hakim IV. von Antioch hingegen beschloss, neutral zu bleiben und gestattete seinem Exarch, Metropolit Philip Saliba 7 Up zum offiziellen Soft-Getränk der Kirche von Antioch zu deklarieren. Ignatius machte deutlich, dass er „die Streitigkeiten um die Frage, welchem Patriarchat und welchem Getränk man folgen solle, satt" habe. „Lasst uns unter dem Banner der Nicht-Cola zusammenkommen", so Ignatius, „schließlich wurden wir in Antioch zum ersten Mal Christen genannt." Nun herrschte der Zwist in der Ständigen Konferenz orthodoxer Bischöfe in Amerika (SCOBA). Die Griechen folgten Coca-Cola. Die OCA folgte Pepsi. Die Antiochier folgten 7 Up. Die Spaltung innerhalb der US-amerikanischen Orthodoxie hatte ihren Höhepunkt erreicht. Viele Kleriker und Gläubige waren verunsichert. Gemeinden taten sich schrecklich schwer mit der Entscheidung, welche Limonade sie bei Gemeinde-Picknicks anbieten sollten. Alles geriet aus den Fugen. Ein griechisch-orthodoxer Priester wurde vom Dienst suspendiert, weil er sich offen für Pepsi ausgesprochen hatte. SCOBA beraumte ein Treffen an und beschloss, jedwede offizielle Unterstützung von Soft-Getränken zu unterbinden. Verabschiedet wurde ein unterzeichnetes und notariell beglaubigtes Dokument, demzufolge von nun an nur noch zwei kalte Getränke erlaubt waren: Eistee und Preiselbeer-Saft. Kohlensäurehaltige Getränke wurden verboten. SCOBA bestätigte zudem, dass individuelle Hierarchien in ihrer Rechtsprechung ausschließlich Soft-Getränke unterstützen könnten, während sie andere Forderungen nach offiziellen Getränken von anderen Rechtsprechungen in den USA ablehnen sollten. Die Unruhen schienen sich wieder zu legen, und die auf Limonaden-Rivalität bezogene

Rechtsprechung starb anscheinend vor sich hin. Aber der füh-
rende Hierarch der russisch-orthodoxen Kirche außerhalb
Russlands (ROCOR) gab folgenden Kommentar ab: „Wieder
einmal sehen wir die schleichende Häretisierung der Moderne.
Noch einen Schritt, und wir gleiten hinab in die Verdammnis.
Möge es zur Kenntnis genommen werden, dass unsere Bischofs-
synode den Versuch unternommen hat, die eine, wahre ortho-
doxe Herde zu beschützen, und eine Enzyklika verabschiedet
hat, die alle modernistischen Soft-Getränke in all unseren Klös-
tern und Kirchen verbietet. Da wir uns an die authentischen
Traditionen der heiligen orthodoxen Kirche halten, wird es von
nun an bis in Ewigkeit nur ein offizielles Getränk für unsere
Herde geben: Kvass." (Kvass ist ein Getränk mit geringem
Alkoholanteil, das in Russland aus Roggenmehl oder Brot mit
Malz hergestellt wird.)

Orthodoxer Humor erhält vor allem durch die Dummheit derer
neue Nahrung, die von der Existenz einer authentischen Orthodoxie im Westen ausgehen. Es gibt eine „westliche Orthodoxie", das denken viele Kirchen in Europa und in den USA;
es handelt sich aber um bloße Phantasie. Sie ist fast immer un-
kanonisch, aber in einigen Ausnahmefällen werden Ansätze
einer Orthodoxie von einer gewissen authentischen orthodoxen
Kirche festgestellt, die zwar Bärte erkennen kann, die Wahrheit
jedoch nicht:

„Die Eine und Einzige, Durch und Durch Heilige, Wirklich,
Wirklich Wahre, Authentisch Echte, Orthodoxe, Koptisch-
Armenische, Griechisch-Russische, Serbisch-Mazedonische,
Apostolische, Katholische Kirche des Apostolischen Patriar-
chats der Niederen Neasden-Region im Wye-Tal wird geleitet
von Seiner Höchst Glückseligen Gesegneten Heiligkeit, Pa-
triarch Mystifizios I., Metropolit von Northwood Hills an der

Metropolitan Line. Die **EEDDHWWWAEOKAGRSMAK-KAPNNRWT** *ist die letzte Bastion der wahren apostolischen Christenheit auf den Britischen Inseln, nachdem alle anderen – Anglikaner, Katholiken und Protestanten – der Häresie, Apostasie und anderen schlimmen Dingen anheim gefallen sind. Die eine, wahre* **EEDDHWWWAEOKAGRSMAKKAPNNRWT** *folgt demütig allen heiligen kanonischen Schriften, außer dann, wenn es besser wäre, dies nicht zu tun.* **EEDDHWWWAEO-KAGRSMAKKAPNNRWT** *ist eine der einzig übrig gebliebenen Kirchen der Erde, aber wir wünschen trotz allem, mit allen orthodoxen Kirchen weiterhin intensiven Kontakt zu pflegen. In unserem Archiv befindet sich ein hübsches Foto Seiner Höchst Glückseligen Gesegneten Heiligkeit, Patriarch Mystifizios I., die Messe gemeinsam zelebrierend mit Seiner Heiligkeit Abba Armpit dem Großen, dem Patriarchen von Alexandria[1] (katholisch, koptisch, griechisch oder malaysisch? – schwer zu sagen!). Wir lieben sie alle, vor allem, wie sie sich kleiden. Die Heilige Liturgie in englischer Sprache findet statt am ersten und dritten Samstag in geraden Monaten, in denen ein „r" vorkommt. Die Liturgie wird gefeiert in unserem Tempel im Hinterzimmer des Oddbottles Weingeschäfts in der Hauptstraße, Hintertupfingen-am-See. Wenn Sie die Liturgie auf keinen Fall verpassen wollen, klopfen Sie 3 x, dann 2 x, dann 1 x, dann wieder 3 x, damit Ihnen Zutritt zum Allerheiligsten gewährt wird. Dies ist der Weg zur Orthodoxie."*

Und nicht vergessen: Immer an die Worte des Hl. Nino von Tlibisi denken, die da lauten: „Ein Witz ist eine sehr ernste Angelegenheit!"

---

[1] Wortspiel: Verb „to change": dt = austauschen, wechseln, verändern; Substantiv „change" = hier „Veränderung" im Sinne von Wandel in Religion und Gesellschaft.

[2] „Abba Armpit" = Vater Achselhöhle.

Der anglikanische Witz

von
Reverend Ava Nibel

Ich liebe Witze. Seit meiner Ordination bin ich davon über-
zeugt, dass es richtig ist, in Predigten so viele Witze wie möglich anzubringen. In dem gesamten Gebiet des Erzdiakonats,
das ich betreue, gibt es nur männliche Kollegen, und, ehrlich
gesagt, finde ich ihren Umgang mit Gemeindegliedern oft viel
zu mystisch, theologisch und spirituell. Meiner Erfahrung nach
machen Witze unglaublich viel Spaß. Theologische Witze kann
ich zwar nicht ausstehen – vor allem orthodoxe und römisch-
katholische –, aber ein guter Witz ist immer noch viel besser als
die meisten theologischen Thesen. Ein biblischer Witz wirkt
sehr unterhaltsam, vor allem, wenn die Gemeindeglieder vor
Lachen fast von den Kirchenbänken fallen. Hier ist einer, den
ich oft in meinen unterhaltsamen Predigten einsetze, und der bei
der Gemeinde gut ankommt:

*Ein neuer anglikanischer Vikar machte sich daran, allen Ge-
meindegliedern des Pfarrbezirks der „Unschuldigen Kinder"
(Diözese von Dingenskirchen) einen Hausbesuch abzustatten.
Aber in einem Haus machte partout niemand auf, wenn gleich
völlig klar war, dass jemand zu Hause sein musste. Daher nahm
der Vikar eine seiner Visitenkarten heraus, schrieb „Offenbarung 3,20" auf die Rückseite und warf die Karte in den
Briefkasten. Am folgenden Sonntag fand der Vikar die Visiten-
karte in der Kirche wieder. Dabei lag ein knallbuntes Stück
Notizpapier mit einer ziemlich kryptischen Nachricht: „Genesis*

3,10". Als der Vikar die Stelle zu Hause in seiner Ausgabe der Bibel nachschlug, brach er in schallendes Gelächter aus. Offenbarung 3,20 beginnt so: „Siehe, ich stehe vor der Tür und klopfe an."
Genesis 3,10 lautet: „Ich hörte dich im Garten und fürchtete mich; denn ich war nackt."

Predigten können wirklich viel Spaß machen. Ich versuche normalerweise, mich auf zwei Witze pro Predigt zu beschränken, aber ich finde, dass gute Witze viel wichtiger sind als Dogmatik, Sie etwa nicht?

Meine Kleriker, die ich als Supervisorin in meinem Erzdiakonat betreue, sind alle spendabel, vor allem, wenn es um Aperitifs vor dem Mittagessen geht. Wenn ich ihre Gemeinden besichtige, laden mich die allermeisten zum Mittagessen ein. Die Singles unter den männlichen Klerikern gehen mit mir in den Pub, aber die verheirateten Kleriker nehmen mich mit nach Hause und sorgen dafür, dass mir nie der Sherry ausgeht. Ich muss zugeben, dass ich ein großer Sherry-Fan bin, und deshalb erzähle ich Ihnen den folgenden, reizenden Witz über Alkohol:

In Irland drängelte sich ein Mann schnell durch einen Bahnwaggon. Er war offensichtlich in großer Sorge und rief laut: „Ich brauche einen Priester! Gibt es in diesem Zug einen katholischen Priester?" Keine Antwort. Da rannte der Mann erneut den Flur auf und ab und schrie: „Gibt es in diesem Zug einen Rabbi?" Wieder keine Antwort. Da stürzte der Mann ein drittes Mal durch den Waggon und rief: „OK, gibt es denn irgendwo in diesem Zug einen anglikanischen Kleriker?" Inzwischen hätte man eine Stecknadel fallen hören können, so still war es. Schließlich hob ein schick gekleideter Herr die Hand und wandte sich an den verzweifelten Mann: „Ich bin

Pastor – Protestant, falls Ihnen das weiterhilft." Der Mann sah ihn an: *„Nein, das hilft uns nicht weiter. Wir brauchen nämlich einen Korkenzieher."*

Besonders viel kann man über verschiedene Kirchen lernen, d.h. aus einer wahrhaft ökumenischen Sichtweise, wenn man sich in der Sakristei umsieht, in der sich die Geistlichen umziehen. Auch in anderen Räumen, die zu einer Kirche gehören, gibt es zumeist interessante Dinge zu entdecken.

Im Büro einer methodistischen Kirche hängt für gewöhnlich ein wunderschöner Druck von John & Charles Wesley an der Wand. In einer römisch-katholischen Kirche stößt man unweigerlich auf eine Reproduktion „Unserer Lieben Frau", der Heiligen Jungfrau Maria, der Mutter Gottes. Im Saal der Heilsarmee sieht man nicht selten einen Oberst auf Knien auf dem rauen Fußboden. In der Kirche von England – vor allem wenn ein Bischof zu Besuch kommt, – findet man immer einen großen Spiegel.

Eine vielleicht sehr treffende Variation dieser Art Witz offenbart sich in einer typisch englischen Geschichte von einem alten Mann und seinem Hund:

Ein älterer anglikanischer Laie lebte allein mit seinem Hund, den er abgöttisch liebte. Der Herr wohnte ganz in der Nähe vom Palast des Diözesanbischofs. Schließlich starb der Hund, nachdem er seinem Herrchen lange Jahre Gesellschaft geleistet hatte. Gramgebeugt und tieftraurig trottete der liebenswerte alte Mann zum Bischof. „Herr Bischof", sprach er, „mein geliebter alter Hund ist von hinnen geschieden. Nun wende ich mich an Sie mit der Bitte, eine Heilige Messe für diese wunderschöne, entschlafene Kreatur zu zelebrieren." Der Bischof war äußerst ungehalten: „Ich bin untröstlich, vom Ableben Ihres lieben Hundes zu hören. Aber es tut mir leid; Messen für Tiere können wir leider nicht halten. Allerdings weiß ich, dass am anderen Ende der Straße eine Kirche ist, die Ihnen vielleicht weiterhelfen könnte." Der traurige, alte Herr war mit einem Mal begeistert: „Ich bin Ihnen zu tiefstem Dank verpflichtet, Herr Bischof. Ich werde gleich dorthin gehen. Meinen Sie, 500 Pfund werden ausreichen für den Gottesdienst?" Woraufhin der bass erstaunte Bischof antwortete: „Warum haben Sie mir nicht gleich gesagt, dass ihr Hund Anglikaner war?"

Ich fürchte, meine eigene anglikanische Kirche unterscheidet sich kaum von den meisten anderen, aber ich dachte, es sei am besten, nur über meine eigene Konfession negativ zu sprechen. Daran kann ich nichts Schlimmes finden. Ich freue mich schon auf die Bescheidenheit der Bischöfinnen. Jedenfalls bin ich der Meinung, dass ich mich hier auf die anglikanische Kirche konzentrieren sollte, damit ich großzügig und ökumenisch mit anderen Kirchen umgehen kann. Zwei ganz bestimmte Witze mag ich besonders. Der erste bezieht sich auf den Klerus:

Ein ehrwürdiger Herr traf im Krankenhaus ein, um sich einer Hirntransplantation zu unterziehen. Das Krankenhaus hatte mehrere Gehirne im Angebot. Der Herr durfte sich eins auswählen. Der Chirurg ließ keinen Zweifel daran, dass er die Entscheidung des Patienten für essentiell hielt: „Dieses Gehirn gehörte einem Arzt und liegt bei etwa 10.000 Pfund Sterling. Das da drüben stammt von einem Juristen und kostet 15.000 Pfund." Da erkundigte sich der Patient nach einem vorzüglich aussehenden Gehirn, das auf dem obersten Regalbrett in einer feinen Glasschüssel lag. „Oh", sagte der Facharzt, „ich fürchte, dafür müssen Sie 50.000 Pfund hinblättern. Das Gehirn gehörte einem anglikanischen Priester, und das bedeutet, es ist noch völlig unbenutzt."

Aber bevor ich nun den zweiten, oben erwähnten Witz erzähle, muss ich schnell noch einen weiteren Witz über Kleriker-Gehirne dazwischen schieben:

Ein glücklicher und zufriedener Mann traf in einem Londoner Krankenhaus ein, um sich einer Gehirntransplantation zu unterziehen. Der Chirurg hatte das Gehirn des Patienten gekonnt entfernt. Er ließ den Patienten einen Augenblick auf dem OP-Tisch liegen und ging zu dem Kühlraum, in dem die Transplantationsorgane aufbewahrt wurden, um das neue Gehirn zu holen. Inzwischen wachte der Patient aus der Narkose auf und dachte, die Operation sei zu Ende. Er stieg vom OP-Tisch herunter und ging. Der Chirurg suchte ihn überall, aber vergeblich. Drei Jahre später ging der Chirurg am Ufer der Themse spazieren, als er einen Mann vorbeigehen sah. Er sprach ihn an: „Waren Sie nicht der Mann, dem ich das Gehirn herausoperiert habe?"

„Ja", antwortete dieser.

„Wie geht es Ihnen, mein Freund?", wollte der Arzt wissen.

„OK," entgegnete der frühere Patient.

„Und was machen Sie jetzt so?"

Der Patient deutete auf seinen markanten, hohen Kragen.

„Sehen Sie das nicht. Ich bin anglikanischer Priester in der Diözese von London."

Einer meiner Lieblingswitze handelt von dem gegenwärtigen Erzbischof von Canterbury, Dr. Rowan Williams. Zum Glück wissen wir, dass er ein sehr offener Mensch ist. Er hat die Ordination von Priesterinnen immer unterstützt, sogar die Weihe von Bischöfinnen. Neben vielen anderen liberalen Anliegen war er Fürsprecher und Beschützer des schwulen und lesbischen Klerus. Ich schätze seinen Ansatz sehr. Hier ist ein Witz, der Dr. Williams sehr treffend beschreibt:

An einem wunderschönen Sommertag saß der Erzbischof von Canterbury allein am Strand und versuchte, sich bei einem privaten Kurzurlaub etwas zu erholen und einen spirituellen Rückzug zu genießen. Sein Blick streifte am Horizont entlang, wo die Sonne gerade unterging. Er seufzte. Plötzlich fiel sein Blick auf etwas Glitzerndes im Sand. Er wischte einige Sandkörner beiseite und zog einen Metallbehälter hervor. Als er eine Inschrift sah, spuckte er darauf und polierte die Stelle. Doch ehe er die Inschrift lesen konnte, ging der Behälter in blaue Flammen auf. Der Erzbischof rieb sich die Augen. Vor ihm stand ein gewaltiger dienstbarer Geist. „Euer Gnaden", sagte der Geist, „ich gewähre Euch einen Wunsch. Was es auch sein mag, es möge Euch erfüllt werden." Der Erzbischof griff in seine Tasche und zog eine Landkarte über den Nahen Osten heraus. Er malte einen großen roten Kreis um die gesamte Region. „Dienstbarer Geist, ich wünsche mir, dass Du dieser Region Frieden bringst." Der Geist antwortete nicht. Traurig schweifte sein Blick in die Ferne. Lange Zeit schwieg er. Dann wandte er sich an den Erzbischof und sprach: „Ich habe dies noch niemandem zuvor sagen müssen. Aber das, was Ihr begehrt, geht über meine Fähigkeiten. Es ist zu schwierig, sogar unmöglich. Aber wenn Ihr einen anderen Wunsch habt, werde ich ihn Euch erfüllen." Der Erzbischof dachte eine Weile nach. Dann zog er eine zweite Landkarte aus der Tasche. „Auf dieser Karte ist die ganze Welt abgebildet. 165 Länder sind darauf farbig markiert. Das ist die Gemeinschaft der anglikanischen Gläubigen. Alles, was ich mir wünsche, ist, dass Du all den verschiedenen Gruppen hilfst, ein wenig besser miteinander auszukommen." Der Geist setzte sich hin. Wieder schweifte sein Blick traurig in die Ferne, und er schwieg eine lange Zeit. Schließlich wandte er sich an den Erzbischof. „Euer Gnaden", sprach er, „dürfte ich vielleicht die erste Karte noch einmal sehen?"

Hier noch ein sehr kurzer, lustiger Witz über Anglikaner, der zu diesem Thema passt:
Frage: Was kriegt man, wenn sich 10 Anglikaner in einem Raum versammeln?
Antwort: 15 verschiedene Meinungen.

Voller Liebe für alles Ökumenische schließe ich nun mit einem letzten Witz, der natürlich auch auf meine eigene anglikanische Religionsgemeinschaft abzielt:
In einem wunderschönen, im Süd-Westen Englands gelegenen Ort namens Schellfisch-am-Meer gab es drei kleine Kirchen: Freie Brüder, Methodisten und Anglikaner. Plötzlich wurde der kleine Küstenort von Eichhörnchen heimgesucht. Schnell fühlten sie sich zu den Kirchen hingezogen und hoppelten sogar während der Gottesdienste durch die Kirchenbankreihen. Die Freien Brüder waren bald der Ansicht, dass sie es einfach „mit einem Grinsen würden ertragen müssen", weil die Eichhörnchen-Invasion „eine Angelegenheit der Prädestination" sei. Die Methodisten am Ort entschieden sich dafür, die Eichhörnchen in pinkfarbenen Käfigen einzufangen, auf denen „Wir lieben Eichhörnchen" stand und die vom WWF kostenlos zur Verfügung gestellt wurden. Die Methodisten fuhren dann aufs Land und ließen die Eichhörnchen einige Meilen entfernt vom Ort in einem Wäldchen wieder frei. Am nächsten Sonntag aber kamen die Eichhörnchen wieder zurück. Die Anglikaner aber beschlossen, all ihre Eichhörnchen zu „taufen" und sie zu Mitgliedern ihrer Kirche zu machen. Ihre Eichhörnchen kamen nur zweimal pro Jahr zurück: zu Weihnachten und Ostern.

Witze sind so herzerfrischend und helfen der Gemeinde sicher viel mehr als eine Menge Theologie. Bei einem Großteil der Theologie zieht sich in mir alles zusammen, aber ich gebe zu, dass ich es ziemlich lustig finde, wenn uns die Anglikaner der Hochkirche „priestesses" nennen.[1] Man kann davon ausgehen, dass es bald mehr Bischöfinnen als Bischöfe in der Kirche von England geben wird, und wir nennen sie schon heute „episcopals".[2] Hoffen wir also auf weitere anglikanische Witze: mit etwas Glück werden sie in Zukunft frauenfeindliche Kleriker aufs Korn nehmen.

---

[1] Der gängige Ausdruck ist „women priests". „Priestesses" klingt eher nach einem nicht ganz ernst zu nehmenden Konstrukt für eine neue Berufsbezeichnung, so als ob man im Deutschen „Priesteuse" erfände. Der Gebrauch des Ausdrucks „priestesses" kann zudem auf übersinnliche Fähigkeiten anspielen, d.h. wie bei Astrologinnen, Hellseherinnen, Hexen, Kartenlegerinnen oder Wahrsagerinnen.
[2] Wortspiel: „episcopal" = bischöflich und „pal" = Kumpel, zusammengesetzt also gewissermaßen „Bischofskumpel."

Der evangelische Witz

von
Pfarrer Ivo Bäder-Butschle

„Typisch evangelische" Witze gibt es kaum oder gar nicht. Es gibt zwar Witze, die sozusagen evangelisches Personal haben – den Pfarrer, den evangelischen Theologen, den oberfrommen Christen. Aber so etwas wie eine Tradition von Witzen, wie charakteristische Merkmale eines evangelischen Humors, wie man sie etwa für jüdische Witze beschreiben kann, findet sich auf evangelischer Seite nicht.

Das ist auch kein Wunder. Die evangelische Kirche ist keine ehrfurchtsgebietende Institution, die als solche Spott oder Satire herausfordern könnte. Wenn es evangelischerseits so etwas gibt wie Macht, dann ist es Bildungsmacht oder Wissensmacht. Hier lag jedenfalls über Jahrhunderte der Stolz der evangelischen Kirche. Deshalb nisten sich die meisten evangelischen Witze als Theologenwitze in der Nähe von Universitäten oder Prediger-seminaren ein. Wenn die Kirche machtlos ist, dann strahlen wenigstens Professoren noch genügend Macht und Klassen-bewusstsein aus, um Lachen zu ermöglichen. Für beides Bei-spiele:

Der Heidelberger Dozent Dr. Diebner berichtete über die 1968er-Jahre innerhalb der evangelischen Kirche und Theologie. Ein Streitpunkt war dabei, ob die Verhütungspille kirchlich erlaubt sei. Einige Vikare schufen daraufhin in Anlehnung an die feierliche liturgische Austeilung von Brot und Wein eine Liturgie zur Übergabe der Pille (mit Antwort des Empfängers: Dank sei Gott für die Gabe des Lebens... so ähnlich habe ich das in Erinnerung).

Damals war das ein Skandal, heute verstehen wir kaum noch den Konflikt.

Oder Witze im Umfeld der Universität:
In der Heidelberger TheologInnenZeitung HETZ erschien ein sehr schöner Artikel zur Frage des Zu-Spät-Kommens in Vorlesungen. Zu spät kommen wurde dabei als direkte Jesusnachfolge interpretiert: Die Parusieverzögerung, dass Jesus also später als erwartet wiederkehrte, wurde als Vorbild für das verzögerte Eintreffen der Studierenden ausgelegt.

Auch sehr schön, wenn auch mit viel Lokalkolorit, folgende Veröffentlichung:
Der Heidelberger Professor Gerd Theissen legte zum Entsetzen mancher Studierenden seinen Intensivkurs Neues Testament auf dem Samstag. Darauf hin wurde eine Karikatur veröffentlicht, auf der Theißen zu sehen war, wie er mit den Tagen der Woche wie mit Bällen jonglierte.
Untertitel: Der Menschensohn ist Herr auch über den Sabbat.

Aber all diese Witze haben einen entscheidenden Nachteil: Sie gedeihen nur in einem bestimmten eng begrenzten Umfeld, der Universität bzw. der Predigerseminare. Sie sind witzig für Menschen im selben Umfeld, außerhalb desselben verlieren sie ihren Biss.

Müssen sich evangelische ChristInnen jetzt unter Witzzwang gesetzt fühlen?

Die Praxis war der offiziellen Doktrin in diesem Punkt immer ein Stück voraus, wie das Osterlachen beweist, dass auch in der reformierten Schweiz gang und gäbe ist. Der Kabarettist Matthias Richling empfiehlt, einfach mitzulachen.

Der Witz in den Freikirchen

von
Pastor Hermann Schwarz

Gibt es einen Witz in den Freikirchen?

In der Tat ist er in den Freikirchen anzutreffen, er wird jedoch selten und hinter vorgehaltener Hand erzählt. Man möchte ja ernsthaft und orthodox gläubig sein, und nicht umsonst warnt Paulus die Epheser vor Albernheit und Witzelei: Eph.5,4. Doch wie in den evangelischen Landeskirchen ist man bei den Frei- kirchen bestrebt, den Gläubigen ernsthaft und damit über- zeugend entgegenzutreten. Witze finden sich daher eher wenige an; im Internet werden vor allem auf katholischen Gemeinde- Homepages katholische Witze wiedergegeben. Auf evange- lischen oder freikirchlichen Seiten sucht man Witziges ver- gebens oder man findet weniges nach langem Suchen. Sie werden innerhalb der Kirchenmauern, aber auch gerne von anderen Konfessionen mit einem „verächtlichen" Ton über die Freikirchen erzählt.

Der konfessionelle Witz enthält immer auch eine Aggression, so auch der freikirchliche Witz: Es ist eine Art Rivalitätskampf zwischen den verschiedenen Konfessionen und selbst unter den freikirchlichen Gruppen, der hier vorliegt. – Dahinter steht die Frage: Wer ist schlauer, gerissener, den Anderen an Klugheit überlegen? Man nennt diese Witzart den Vergleichs- oder auch Übertrumpfungswitz. In dem nachfolgenden Witz ist ein Methodist der Überlegene, da der Baptist und der reformierte Pfarrer sich nicht an die scheinbar unmögliche bzw. hier ungerechte Aufgabe wagen, die der erstere mit einem Wortspiel löst:

Zwei Brüder hatten einen sehr schlechten Ruf in der Stadt, in der sie wohnten. Sie waren verschrien als Lügner, Diebe und Faulenzer. Eines Tages starb einer der beiden. Der andere wollte nun eine würdige Bestattung für seinen Bruder organisieren. So ging er zum Baptistenpastor und bat ihn, seinen Bruder würdig zu beerdigen. Der Pastor war bereit dazu. Doch als der Bruder verlangte, er solle in seiner Grabrede sagen, dass der Verstorbene ein Heiliger gewesen wäre, winkte der Pastor ab. „Das kann ich nicht tun, das ist nicht wahr." So versuchte es der Bruder beim reformierten Pfarrer. Doch der winkte genauso ab wie alle anderen. Schließlich kam er zum methodistischen Pfarrer und versprach seiner Gemeinde sogar die Spende von 1000 Dollar. Der sagte zu. Nun waren alle in der Stadt gespannt, was der Methodistenpfarrer am Grab sagen würde; deswegen war eine große Menge zur Beerdigung gekommen. Der Pastor sagte: „Jeder von uns wusste, dass der Verstorbene ein Dieb war, ein Lügner, ein Faulpelz – aber im Vergleich mit seinem Bruder war er ein Heiliger!"

Manchen freikirchlichen Gruppen werden darüber hinaus bestimmte Eigenschaften zugesprochen, den Methodisten z.B. ihre Neigung immer tatkräftig mit anpacken zu wollen:

Eine alte Legende besagt, dass Gott bei der Erschaffung der Welt von vier Engeln angesprochen wurde. Der erste fragte: „Wie machst du das?". Das war ein lutherischer Theologe. Der zweite: „Warum machst du das alles?" Das war ein katholi-

*scher Theologe. Der dritte sah voller Staunen zu und lobte den
Schöpfer. Das war ein orthodoxer Theologe. Der vierte Engel
war recht ungeduldig und wollte sich nach vorne drängen. Als
er endlich zu Wort kam, fragte er Gott: „Kann ich dir helfen?"
Das war ein Methodist.*

Freikirchliche Christen weisen gerne darauf hin, dass sie allein
die biblische Wahrheit in ihrer Tiefe erkannt haben und sie auch
praktizieren.

*Drei Christen, ein Baptist, ein Katholik und ein Pfingstler
wollen einen Fluss überqueren Der Baptist wirft sich in die
Fluten und schwimmt hinüber. Der Katholik holt sich Steine
und legt einen Stein in Schrittweite vor den anderen und geht
hinüber. Der Pfingstler läuft über den Fluss und kommt so ans
andere Ufer. Der Katholik fragt ihn, ob er die Steine gesehen
habe und auch auf ihnen den Fluss überquert habe. Worauf hin
der Pfingstler zurückfragt. „Welche Steine?"*

Eine andere Variante soll die andere Konfession direkt auf ihre
Doppelbödigkeit hinweisen. So vergleicht man sich nicht nur,
sondern nennt die Fehler anderer beim Namen, um ihnen ihre
Versäumnisse aufzuzeigen.

*Zwei Gläubige einer Pfingstgemeinde kommen auf dem Weg
zum Gottesdienst an einer Landeskirche vorbei und belauschen
ein Gespräch von zwei Männern. Der eine ist ein Obdachloser
und wurde des Gottesdienstes verwiesen, weil er gestört habe.
Vor der Kirche trifft er einen Anderen und erzählt ihm, wie
scheinheilig es darin zugeht: „Stell dir vor, die haben mich
hinausgeworfen, obwohl sie vorher für die Menschen auf der
Straße gebetet haben!" Daraufhin sagt der andere zu ihm:
„Das braucht dich nicht zu ärgern; mich haben sie auch*

hinausgeworfen!" – *„Wer bist denn du?"* – *„Ich bin der Heilige Geist!"*

Der Anspruch vieler freikirchlicher Christen, einzig und allein die göttliche Wahrheit zu besitzen, d.h. die besseren Christen zu sein, findet sich in der Tendenz wieder, sich nicht nur mit den anderen zu vergleichen und dabei besser abzuschneiden, sondern auch darin, die anderen ganz zu verleugnen. Das wird von den anderen Konfessionen gerne aufs Korn genommen. Der Witz ist so ein Witz auf Kosten der Freikirchen:

Nachdem der Bauer gestorben ist, führt ihn ein Engel Gottes im Himmel herum. Sie kommen zu einer Menge friedlicher Menschen. Diese sitzen im Meditationssitz auf den Boden und sprechen das Ohm. „Das sind die friedlichen Buddhisten", erklärt der Engel. Sie gehen weiter und begegnen einer großen Anzahl von Moslems. Die knien auf wunderschönen Teppichen, beugen sich vornüber, beten und preisen Allah. Dann kommen sie zu den Juden. Dort sieht alles zwar ein wenig schmuddelig und abgegriffen aus, aber die Menschen dort sind sehr lebendig. Die Kinder, aber auch Erwachsene, preisen Jahwe mit viel Lärm. So gehen sie im Himmel herum und treffen Menschengruppen aus den verschiedenen großen Weltreligionen, aber auch von den kleineren und neuen Religionen, diese preisen alle Gott auf ihre Weise, und der Engel Gottes beantwortet alle Fragen des Neuankömmlings. Plötzlich stehen sie vor einer hohen Mauer. Der Engel legt den Zeigefinger an den Mund und gebietet seinem Begleiter durch ein leises „Pssssst!" zu schweigen. Auf Zehenspitzen schleichen sie an der hohen Mauer vorbei. Als die Mauer außer Sichtweite ist, kann sich der Begleiter nicht mehr zurückhalten und fragt: „Was befindet sich denn hinter dieser Mauer?"

Der Engel antwortet: „Dort sind die Baptisten; die glauben nämlich, sie seien alleine hier."

Ein anderes schönes Beispiel dafür:
Kommt ein braver Methodist zum Arzt: „Doktor, ich habe wahnsinnige Kopfschmerzen, die ich nicht loswerde. Können Sie mir etwas dagegen geben?"
„Durchaus", sagt der Arzt, „aber zunächst möchte ich noch einige Dinge abklären. Trinken Sie viel Alkohol?"
„Alkohol? Ich bin Antialkoholiker und Mitglied im Blau-Kreuz-Verein!"
„Und wie steht's mit dem Rauchen?"
„Nie in meinem Leben habe ich Tabak berührt!"
„Ja, leben Sie denn in sexueller Hinsicht ausschweifend?"
„Was fällt Ihnen ein! Das kommt bei mir überhaupt nicht vor!"
„Sagen Sie, ist dieses Kopfweh ein stechender Schmerz?"
„Ja, genauso fühlt es sich an!"
„Ach, dann ist es ganz einfach. Ihr Problem ist, dass Ihr Heiligenschein zu fest sitzt. Wir müssen ihn etwas lockern!"

Im Übrigen ist es mit den Freikirchen so wie mit allen anderen Kirchen. Eine Einheit scheint unerreichbar:
„Die Einheit der Christenheit schreitet immer weiter voran", berichtet ein englischer Methodist. „Bisher gab es in meinem Dorf eine methodistische und eine baptistische Gemeinde. Doch der Wind der Einheit hat geweht und sie haben sich vereinigt."
„Wunderbar. Dann gibt es jetzt nur noch eine Gemeinde im Dorf?"
„Oh nein, jetzt gibt es drei: die vereinigte Gemeinde und die beiden anderen."

Ein gesundes Maß an Humor wäre wohl in unseren Kreisen angenehm und befreiend. Oft traut man sich nicht einen Witz zu erzählen, da man befürchtet, Gott hätte ein Problem damit; und die Gefahr sich gehen zu lassen und die Grenze zu überschreiten, vermeidet man lieber. Doch Gott jubelt und jauchzt vor lauter Jubel über uns wie es in Zeph 3, 17 heißt. Gerne denke ich an meine Studienzeit zurück und an den Wortwitz unserer Dozenten am Theologischen Seminar.

Meine Maxime ist es, nur solche Witze weiter zu geben, die andere herzhaft zum Lachen bringen können, ohne dabei dritte im Regen stehen zu lassen. Dabei ist mir das Pauluswort aus Eph. 4, 29 zum Leitspruch geworden.

Freuet euch in dem Herrn allewege, und abermals sage ich:
Freuet euch!
Philipper 4,4

Mein Herz ist fröhlich in dem Herrn,
mein Haupt ist erhöht in dem Herrn.
Mein Mund hat sich weit aufgetan wider meine Feinde,
denn ich freue mich deines Heils.
1.Samuel 2,1

Gott hat unser Herz und Mut fröhlich gemacht durch seinen
lieben Sohn, welchen er für uns gegeben hat zur Erlösung von
Sünden, Tod und Teufel. Wer solchs mit Ernst gläubet, der
kanns nicht lassen, er muß fröhlich und mit Lust davon singen
und sagen, daß es andere auch hören und herzukommen.
Martin Luther

Der ewigreiche Gott woll uns bei unserem Leben ein immer
fröhlich Herz und edlen Frieden geben ...
Gesangbuchlied, Martin Rinckart (EG 321,2)

Fülle uns frühe mit deiner Gnade, so wollen wir rühmen und
fröhlich sein unser Leben lang.
Psalm 90,14

Wache du, Herr, mit denen, die wachen oder weinen in dieser
Nacht. Hüte deine Kranken, laß deine Müden ruhen, segne
deine Sterbenden, tröste deine Leidenden. Erbarme dich deiner
Betrübten und sei mit deinen Fröhlichen.
Aurelius Augustinus

Geh aus, mein Herz, und suche Freud ...
Gesangbuchlied, Paul Gerhardt (EG 503,1)

Du bist heilig, Herr, unser Gott. ... Du bist die Geborgenheit, die Ruhe, die Fröhlichkeit und die Freude.
Franz von Assisi

Kommt und lasst uns Christus ehren,
Herz und Sinnen zu ihm kehren;
singet fröhlich, lasst euch hören,
wertes Volk der Christenheit.
Weihnachtslied, Paul Gerhardt (EG 39,1)

O du fröhliche, o du selige,
gnadenbringende Weihnachtszeit!
Welt ging verloren, Christ ist geboren:
Freue, freue dich, o Christenheit!
Weihnachtslied, Johannes Daniel Falk (EG 44,1)

Freut euch, ihr lieben Christen all,
lobsinget Gott mit hellem Schall,
ja singt und spielt aus Dankbarkeit
dem Herrn im Herzen allezeit.
Gesangbuchlied, Prag 1612 (EG 60,1)

Mein Herz darf nicht entsetzen sich,
Gott und die Engel lieben mich;
die Freude, die mir ist bereit',
vertreibet Furcht und Traurigkeit. Halleluja.
Osterlied, Johann Heermann (EG 111,15)

Glaube ist eine lebendige, verwegene Zuversicht auf Gottes Gnade, so gewiß, daß er tausendmal dafür sterben würde. Und solche Zuversicht und Erkenntnis göttlicher Gnade macht fröhlich, trotzig und lustig gegen Gott und alle Kreaturen; das wirkt der heilige Geist im Glauben.
Martin Luther

Die Witz-Sammlung

Aphorismen, Hinweise, Kurzwitze

Schild an der Rezeption eines Hotels: In God we trust –
all others pay cash!

Katholiken und Evangelische haben fast alles gemeinsam. Bis
auf den Glauben.

Ich finde, jeder sollte etwas glauben.
Ich glaube, ich sollte noch einen Drink nehmen!

Goliat war eine Frau. Denn ihm war keiner gewachsen.

Als Gott die Männer schuf,
muss sie sternhagelvoll gewesen sein.

Schild an einem Parkplatz: Nur für Personal der Kathedrale –
unautorisierte Fahrzeuge werden hinweggezaubert

„Liebe Konfirmierte, wir werden immer für euch da sein, wenn
wir euch brauchen."

„Neulich war ich in der Kirche, da habe ich jemand gesehen,
der hat dort geraucht! Da ist mir doch vor Schreck das Bier aus
der Hand gefallen!"

Wenn Sie schon unbedingt Knöpfe statt Geld in den Klingelbeutel einlegen wollen, dann reißen Sie diese bitte nicht von
den Vorhängen ab, sondern verwenden Sie Ihre eigenen
Knöpfe!
(Hinweis in einer Kirche in Edinburgh)

Bitte achten Sie auf Ihre Wertgegenstände!
Nicht alle Kirchenbesucher sind bekehrt.
(Hinweis in einer Londoner Kirche)

Jedes Gramm einer Mutter wiegt eine Tonne Priester auf.
Spanisches Sprichwort

Parkplatz nur für Kirchenbesucher.
Zuwiderhandelnde werden getauft.
(Plakette an einer Baptistenkirche in Virginia, USA)

Tritt ein! Gott hat immer Zeit für Dich!
Sprechstunde des Pfarrers: 18.00-19.00 Uhr.
(Aushang an einer Kirchentür in Bologna)

Der Kirchenschlaf ist der Gesündeste. Kommen Sie zu uns!
(Kirchlicher Aushang in Hahnenklee/Harz)

Lieber Gott, lass mich der Versuchung widerstehen –
die Bettwäsche gehört dem Hotel.
(Aufschrift auf einer Bibel in einem Hotelzimmer)

Gott hat Eva aus Adams Rippe erschaffen. Er wollte damit
eigentlich nur zeigen, dass bei einem Diebstahl nichts Gutes
herauskommen kann

Der Papst nimmt künftig an allen Sitzungen von Schröders
Kabinett teil. Er will sein Versprechen halten, immer dort zu
sein, wo das Elend am größten ist.

Dafür bezahlen wir den Küster, sagte der Mann, als man ihn
fragte, warum er in der Kirche nicht mitgesungen hatte.

Gott und Computer

Ich glaube an Gott, den Hauptprogrammierer,
der den binären Code der Welt geschrieben und
damit alle Bits und Bytes zum Leben erweckt hat.

Und an Jesus Christus, sein Update für die Welt,
installiert von der CD des Heftes „Heiliger Geist",
ins Internet gebracht durch die unbeschriebene Festplatte.

Bedroht vom Pontius-Pilatus-Virus,
das von den Hackern in Rom geschrieben wurde.
Formatiert, entmagnetisiert und ausgebaut,
hinabgestiegen in das Reich der Gelöschten.

Nach drei Tagen wieder installiert und neu gebootet.
Zurückgesendet zum Oberprogrammierer.

Er sitzt nun zur Rechten des Oberprogrammierers
als Informatiker.
Aus dem Internet wird er gesendet,
um Scandisk bei den benutzten und den gelöschten
Programmen auszuführen.

Wir glauben an den unbegreiflichen Cyberspace,
an den globalen Datentransfer
und an die Ansammlung der Server,
Vergebung der Bugs,
Wiederherstellung der gelöschten
und das ewige Bios.
Enter!

Am Anfang war der Computer.

Und Gott tippte: C:\ Es werde Licht!

Geben Sie Ihren Benutzernamen ein:

C:\ Gott

Geben Sie Ihr Passwort ein:

C:\ allwissend

Ungültiges Passwort.
Geben Sie Ihr Passwort ein:

C:\ allmaechtig

Und Gott begann seine Arbeitssitzung am Sonntag,
dem 1. März, 00:01:00

C:\ Es werde Licht!

Befehl oder Dateiname nicht gefunden

C:\ Create licht

Befehl ausgeführt

C:\ Run himmel und erde

Und Gott schuf Tag und Nacht. Und Gott sah,
dass der Befehl ohne Fehlermeldung ausgeführt worden war.
Und Gott beendete seine Arbeitssitzung am Sonntag,

dem 1. März, 00:02:00. Und Gott begann seine Arbeitssitzung am Montag, dem 2. März, 00:01:00

C:\ Es werde Himmel zwischen Wasser und Licht

Befehl oder Dateiname nicht gefunden

C:\ Create firmament

Befehl ausgeführt

C:\ Run firmament

Und Gott teilte das Wasser. Und Gott sah, dass der Befehl ohne Fehlermeldung ausgeführt worden war.
Und Gott beendete seine Arbeitssitzung am Montag,
dem 2. März, 00:02:00. Und Gott begann seine Arbeitssitzung am Dienstag, dem 3. März, 00:01:00

C:\ Es sammle sich das Wasser unter dem Himmel an besondere Orte, dass man das Trockene sehe

Zu viele Parameter

C:\ Create trockenes_land

Befehl ausgeführt

C:\ Run firmament

Und Gott nannte das Trockene Erde und die Sammlung
der Wasser nannte er Meer. Und Gott sah, dass der Befehl ohne Fehlermeldung ausgeführt worden war.
Und Gott beendete seine Arbeitssitzung am Dienstag,

dem 3. März, 00:02:00. Und Gott begann seine Arbeitssitzung am Mittwoch, dem 4. März, 00:01:00

C:\ Es werden Lichter an der Feste des Himmels, die da scheiden Tag und Nacht und geben Zeichen, Zeiten, Tage und Jahre und seien Lichter an der Feste des Himmels, dass sie scheinen auf die Erde
Unspezifizierter Dateityp

C:\ Create sonne_mond_sterne

Befehl ausgeführt
C:\ Run sonne_mond_sterne

Und Gott schied Tag und Nacht voneinander. Die Sonne, dass Sie über den Tag wache und der Mond über die Nacht, dazu auch die Sterne. Und Gott sah, dass der Befehl ohne Fehlermeldung ausgeführt worden war.
Und Gott beendete seine Arbeitssitzung am Mittwoch, dem 4. März, 00:02:00. Und Gott begann seine Arbeitssitzung am Donnerstag, dem 5. März, 00:01:00

C:\ Create fisch

Befehl ausgeführt

C:\ Create voegel

Befehl ausgeführt

C:\ Run fisch, voegel

Und Gott schuf große Walfische und alles Getier, das da lebt, ein jedes nach seiner Art, und alle gefiederten Vögel, einen

jeden nach seiner Art. Und Gott sah, dass der Befehl ohne Fehlermeldung ausgeführt worden war.
Und Gott beendete seine Arbeitssitzung am Donnerstag, dem 5. März, 00:02:00. Und Gott begann seine Arbeitssitzung am Freitag, dem 6. März, 00:01:00

C:\ Create Vieh

Befehl ausgeführt

C:\ Create Gewuerm

Befehl ausgeführt

C:\ Nun lasset uns Menschen machen, nach meinem Bilde

Unspezifizierter Dateityp

C:\ Create mann

Befehl ausgeführt

C:\ Seid fruchtbar und mehret euch und füllet die Erde und machet sie euch untertan.

Zu viele Parameter

C:\ Run multiplication

Befehlsfolge abgebrochen. Fehler: 6

C:\ Insert atem

Befehl ausgeführt

C:\ Run multiplication

Befehlsfolge abgebrochen. Fehler: 5

C:\ Move mann to Garten Eden

Befehl oder Dateiname "Garten Eden" nicht gefunden.
(A)brechen, (W)iederholen, (I)gnorieren ?

C:\ Create Garten_Eden

Zu viele Parameter

C:\ Create Garten.edn

Befehl ausgeführt

C:\ Move mann to Garden.edn

Befehl ausgeführt
C:\ Run multiplication

Befehlsfolge abgebrochen. Fehler: 4

C:\ Copy frau from mann

Befehl ausgeführt

C:\ Run multiplication

Befehlsfolge abgebrochen. Fehler: 2

C:\ Create leidenschaft

Befehl ausgeführt

C:\ Run multiplication

Und Gott sah Mann und Frau fruchtbar und sich
vermehrend im Garten.edn

Achtung: Kein Zeitlimit eingegeben. Fehler: 1

C:\ Create freier_wille

Befehl ausgeführt

C:\ Run freier_wille

Und Gott sah Mann und Frau fruchtbar und sich
vermehrend im Garten.edn

Achtung: Kein Zeitlimit eingegeben. Fehler: 1

C:\ del leidenschaft

leidenschaft kann nicht gelöscht werden, sobald freier_wille
angelegt wurde

C:\ del freier_wille

freier_wille ist eine systemdatei und kann nicht gelöscht
werden (A)bbrechen, (E)rsetzen von freier_wille, (H)ilfe
C:\ hilfe

leidenschaft kann nicht gelöscht werden, sobald freier_wille
angelegt wurde. freier_wille ist eine systemdatei und kann nicht
gelöscht werden.

(A)bbrechen, (E)rsetzen von freier_wille, (H)ilfe.

C:\ Create baum_der_erkenntnis

Achtung: Kein Zeitlimit eingegeben. Fehler: 1

C:\ Create gut, böse

Befehl ausgeführt

C:\ Activate böse

Und Gott sah, dass er Schamgefühl geschaffen hatte.

Achtung: Dateisystemfehler in Sektor E95, mann und frau sind nicht mehr in garten.edn. Fehler: 1

C:\ Scan Garten.edn for mann, frau

Suche fehlgeschlagen.
(A)bbrechen, (W)iederholen, (I)gnorieren ?

C:\ Delete schamgefuehl

schamgefuehl kann nicht gelöscht werden, sobald boese gestartet wurde.

C:\ del freier_wille

freier_wille ist eine systemdatei und kann nicht gelöscht werden (A)bbrechen, (E)rsetzen von freier_wille, (H)ilfe

C:\ Stop

Ungültiger Befehl
C:\ Strg_Break
C:\ Strg_Break
C:\ Strg_Break

ACHTUNG ALLE BENUTZER: DER COMPUTER WIRD
ZU DEN WÖCHENTLICHEN WARTUNGS-ARBEITEN IN 5
MINUTEN HERUNTERGEFAHREN.
BITTE PROGRAMM BEENDEN UND AUSLOGGEN

C:\ Create NEUE_WELT

Sie haben den zugewiesenen Plattenplatz überschritten.
Auf Datenträger C: ist kein weiterer Speicherplatz
mehr verfügbar. Bitte löschen Sie nicht benötigte Dateien.

C:\ del erde

del erde: Durch diesen Befehl wird erde gelöscht.
Sind Sie sicher? (j/n)

C:\ j

COMPUTER HERUNTERGEFAHREN. ANLAGE WIEDER
VERFÜGBAR AM SONNTAG, 8. MÄRZ, 6:00
BITTE SCHALTEN SIE DEN RECHNER AB.

Und Gott beendete seine Arbeitssitzung am Freitag, dem 6.
März, 23:59:00. Am Samstag, dem 7. März ruhte Gott.
Am Sonntag, dem 8. März schuf Gott Linux.

Und er sah, dass es GUT war.

Der liebe Gott

Petrus und der liebe Gott spielen Golf. Petrus schlägt ab, der Ball rollt auf das Loch zu und – bleibt ganz knapp davor liegen. Gott schlägt ab, der Ball rollt auf das Loch zu und – bleibt ganz knapp davor liegen. Da huscht aus dem Loch eine Maus heraus und schnappt sich den Ball. In diesem Augenblick stürzt vom ein Adler herab und schnappt sich die Maus und steigt wieder in die Höhe. Oben braut sich ein Gewitter zusammen, aus den Wolken zuckt ein Blitz und trifft den Adler. Der lässt die Maus fallen, die lässt den Ball fallen und der – rollt ins Loch.
Darauf Petrus: „Chef, wollen wir jetzt Golfspielen oder rumblödeln?"

Anderer Schlusssatz:
Da sagt Petrus zum lieben Gott: „Spielen wir nun Golf oder willst du angeben?"

Dem lieben Gott missfällt schon lange das Treiben auf der Erde. Nun reicht es ihm und er bestellt US-Präsident George Bush, den sowjetischen Präsidenten Wladimir Putin sowie Bundeskanzler Gerhard Schröder in den Himmel. „Mit euch habe ich die Geduld endgültig verloren", eröffnet er ihnen, „ich lasse deshalb die Welt im kommenden Jahr untergehen." Die drei Staatschefs werden zur Erde zurückgeschickt. Bush beruft sofort den Kongress ein: „Ich habe eine gute und eine schlechte Nachricht. Die gute: Gott lebt. Die schlechte: Die Welt geht nächstes Jahr leider unter." Putin spricht zur Duma: „Genossen, ich bringe euch zwei schlechte Nachrichten mit. Erstens existiert Gott wirklich, und zweitens geht 2003 die Welt unter." Und Schröder? Er tritt vor die Fernsehkameras: „Liebe Bürgerinnen und Bürger, ich habe zwei gute Nachrichten für Sie. Die erste: Den lieben Gott gibt es tatsächlich, ich war gerade bei ihm. Die zweite: Ich werde bis zum Weltuntergang regieren."

Andere Version
1999: Gott will die Welt zerstören und ruft die drei mächtigsten Männer der Erde zu sich, um sie zu informieren: Boris Jelzin, Bill Clinton und Bill Gates. Nachdem sie wieder zurück sind, ruft Jelzin die Duma zusammen und sagt: „Genossen, ich habe 2 schlechte Nachrichten. 1. Gott existiert doch. 2. Er wird in 4 Wochen die Welt zerstören." Clinton ruft den Kongress zusammen und sagt: „Ladies und Gentlemen, ich habe eine gute und eine schlechte Nachricht. 1. Gott existiert wirklich. 2. Er wird in 4 Wochen die Erde zerstören." Gates informiert seine Mitarbeiter per Videokonferenz und meint: „Ich habe 2 tolle Nachrichten. 1. Ich gehöre zu den wichtigsten Menschen auf der Welt. 2. Das Jahr-2000-Problem ist gelöst."

Der Bischof wacht am Sonntag auf und hat überhaupt keine Lust, die Messe zu halten. Also bittet er seinen Vikar darum, und der ist hochbegeistert. Kurz nach 10 Uhr, alle sind in der Kirche, steigt der Bischof in sein Auto und fährt zum Golfplatz. Petrus hat das alles gesehen und meint zu Gott: „So willst Du ihn doch nicht wegkommen lassen?"
„Natürlich nicht", meint der Herr.
Der Bischof steht an einem 5-Par-Loch, schlägt den Ball, der Ball fliegt und fliegt – genau in das Loch hinein.
Da meint Petrus zu Gott: „Was war denn das jetzt? Soll das etwa eine Strafe sein?"
„Nun", sagt Gott und lächelt, „wem will er es erzählen?"

In der Nazizeit beschließt die Führung, doch auch etwas zur Befriedung der religiösen Gruppen zu tun, und so baut man dem lieben Gott ein gewaltiges Denkmal. Bei der feierlichen Enthüllung werden von den Nazigrößen Kränze niedergelegt. Auf der Kranzschleife von Goebbels steht: „Der dritte Mann im dritten Reich dem ersten Mann im ersten Reich!"

Görings Schleife hat die Aufschrift: „Von Her*mann* dem Herr-*gott*!"

Hitlers Widmung lautet: „Dem lieben Gott von seinem Führer!"

Der liebe Gott erschuf den Esel und sagte zu ihm:

„Du bist ein Esel. Du wirst unentwegt von morgens bis abends arbeiten und schwere Sachen auf deinem Rücken tragen. Du wirst Gras fressen und wenig intelligent sein. Und Du wirst fünfzig Jahre leben."

Darauf entgegnete der Esel: „Fünfzig Jahre so zu leben ist viel zu viel, gib' mir bitte nicht mehr als dreißig Jahre!" Und es war so.

Dann erschuf Gott den Hund und sprach zu ihm:

„Du bist ein Hund. Du wirst über die Güter der Menschheit wachen, deren ergebenster Freund du sein wirst. Du wirst das essen, was der Mensch übrig lässt und 25 Jahre leben."

Der Hund antwortete: „Gott, 25 Jahre so zu leben, ist zu viel. Bitte nicht mehr als zehn Jahre!"

Und es war so.

Dann erschuf Gott den Affen und sprach:

„Du bist ein Affe. Du sollst von Baum zu Baum schwingen und Dich verhalten wie ein Idiot. Du wirst lustig sein und so sollst Du für zwanzig Jahre leben."

Der Affe sprach: „Gott, zwanzig Jahre als Clown der Welt zu leben, ist zu viel. Bitte gib mir nicht mehr als zehn Jahre." Und es war so.

Schließlich erschuf Gott den Mann und sprach zu ihm: „Du bist ein Mann, das einzige rationale Lebewesen, das die Erde bewohnen wird. Du wirst Deine Intelligenz nutzen, um dir die anderen Geschöpfe untertan zu machen. Du wirst die Erde beherrschen und für zwanzig Jahre leben!"

Darauf sprach der Mann: „Gott, Mann zu sein für nur zwanzig Jahre ist nicht genug. Bitte gib mir die zwanzig Jahre, die der Esel ausschlug, die fünfzehn des Hundes und die zehn des Affen."

Und so sorgte Gott dafür, dass der Mann zwanzig Jahre als Mann lebt, dann heiratet und dreißig Jahre als Esel von morgens bis abends arbeitet und schwere Lasten trägt.

Dann wird er Kinder haben und fünfzehn Jahre wie ein Hund leben, das Haus bewachen und das essen, was die Familie übrig lässt.

Dann, im hohen Alter, lebt er zehn Jahre als Affe, verhält sich wie ein Idiot und amüsiert seine Enkelkinder. Und so ist es bis heute...

Adam und Eva: Paradies-Witze

Auf einer Gipfelkonferenz wird die Frage erörtert:
Welche Nationalität hatten Adam und Eva?
Der französische Präsident erklärt: „Eva war selbstverständlich eine Französin, denn nur eine Französin verfügt über derartige Verführungskünste."
Der englische Premier sagt: „Wenigstens Adam muss wohl ein Engländer gewesen sein, denn nur ein Gentleman bringt es fertig, für eine Frau eine Rippe zu opfern."
Der sowjetische Ministerpräsident jedoch erklärt: „Nein, das stimmt alles nicht! Beide, Adam und Eva, waren Russen, denn nur in Russland kann es eine so lange Diskussion um einen Apfel geben. Außerdem: Beide hatten nichts anzuziehen und glaubten dennoch im Paradies zu sein."

Eva schreit Adam an:
„Du bist immer anderer Meinung als ich!"
Adam:
„Zum Glück, sonst hätten wir ja beide unrecht."

Adam und Eva hatten die idealen Voraussetzungen für eine friedliche und langdauernde Ehe:
Er brauchte sich nicht die ganze Zeit anzuhören, welche anderen Männer sie auch noch hätte haben können, und sie nicht, was seine Mutter alles besser gekonnt hätte...

Eines Mittags im Paradies. Plötzlich fährt Adam Eva an: „Hey, was entdecke ich da im Salat? Ist das nicht meine neue Sonntagshose?"

Eines Tages gehen Adam und Gott im Paradies spazieren.
Adam fragt Gott: „Warum hast du Eva so wunderschön ge-
macht?"
„Damit sie dir gefällt!"
„Warum hast du ihr so zärtliche Lippen gemacht?"
„Damit du sie lieb hast!"
„Warum hast du ihr eine so reizvolle Figur gegeben?"
„Damit du sie liebst!"
„Und warum hast du ihr so wenig Verstand gegeben?"
„Damit sie dich liebt!"

Eva schaut ihrem Adam ganz tief in die Augen und haucht:
„Liebst du mich?"
Brummt er: „Wen denn sonst?"

Papi, wenn es höflich ist, immer den Damen den Vortritt zu
lassen, warum hat Gott dann nicht die Eva zuerst gemacht?
Gott schuf den Adam zuerst, weil er nicht wollte, dass ihm stets
einer dreinredete!

Andere Version
Papi, warum wurde Adam zuerst erschaffen?
Um ihm Gelegenheit zu geben, einige Worte zu sagen!

Eines Tages gehen Gott und Eva im Paradies spazieren. Eva
sagt: „Gott, der Garten ist wundervoll und die Tiere sind
wunderbare Geschöpfe. Aber ich bin immer noch einsam."
„Kein Problem, ich werde dir einen Mann schaffen als Ge-
hilfen. Er wird um dich sein und dir gefallen. Aber ich muss
dich warnen. Er wird nicht vollkommen sein. Er wird deine
Gefühle sehr oft nicht verstehen und nur schwer begreifen, was

du ihm sagen willst. Er wird glauben, dass alle so denken wie er, und er wird immer der beste und größte sein wollen. Und abends wird er spät nach Hause kommen, müde vom Bowling mit seinen Kumpeln."

„Was bedeutet Bowling?"

„Oh, Verzeihung. Vergiss es. Ich habe schon wieder in die Zukunft gesehen!"

Einige Tage, nachdem er erschaffen worden war, begann Adam sich im Garten Eden einsam zu fühlen. Er beschwerte sich bei Gott. Dieser bot ihm einen Deal an: „Ich werde ein attraktives, intelligentes, einfühlsames Lebewesen erschaffen, das Dich fortan begleiten soll."

Adam, schon leicht misstrauisch: „Und was kostet mich das?"

Gott: „Das Augenlicht, den linken Arm und den rechten Fuß."

Adam: „Nein, das ist es mir nicht wert. Was bekomme ich denn – sagen wir – für eine Rippe?"

„Was für Zustände im Paradies", sagt Adam, „da muss mir der Chef also ein Weib andrehen, das gleich mit dem ersten besten schläft!"

Eines Tages trat der Herr vor Adam und sagte: „Adam, es ist an der Zeit, dass Du und Eva die Welt bevölkert, so gehe nun und fange an Eva zu küssen!"

Und Adam fragte: „Was ist ein Kuss?"

Und der Herr sprach: „Hier, Adam, hast Du eine Anleitung, da steht drinnen, was Küssen ist."

Und Adam verschwand mit Eva hinter einen Busch und küsste sie! Begeistert kam Adam wieder hervor und sagte: „Herr, das war ja wundervoll!"

Und der Herr sprach: „Ja, Adam, und jetzt gehe und verwöhne Eva in dem Du sie am ganzen Körper streichelst."

Und Adam fragte: „Herr, was ist streicheln?"

Und der Herr erwiderte: „Hier hast Du eine Anleitung und nun gehe und verwöhne Eva."

Und Adam verschwand erneut mit Eva hinter dem Busch und kam nach einigen Stunden zurück! Vollauf begeistert sagte er: „Herr, das war ja noch viel schöner als küssen, es war einfach wunderbar!"

Und der Herr sprach: „Ja, Adam und jetzt kommt noch etwas viel schöneres, gehe und habe Sex mit Eva!"

Und Adam fragte: „Was ist Sex?"

Da gab ihm der Herr eine neue Anleitung und sprach: „Gehet jetzt und vermehrt euch!"

Und Adam ging wieder hinter den Busch zu Eva, aber schon nach 2-3 Sekunden kam er zurück und fragte: „Herr, was sind Kopfschmerzen?"

Das Alte Testament und Jesus:
Der biblische Witz

Gott zum König Ahab: „Wenn du nicht ablässest von deinen Sünden, dann schicke ich dir eine große Dürre."
Ahab: „Schade. Eine kleine Dicke wäre mir lieber."

Moses steigt vom Berg Sinai herunter, die Tafeln mit den Zehn Geboten unter dem Arm und sagt zum Volk Israel: „Ich habe eine gute und eine schlechte Nachricht: Die gute Nachricht: Ich konnte IHN auf 10 Gebote herunterhandeln. Nun die schlechte: Ehebruch ist noch drin."

Nachdem Gott die Erde erschaffen hatte, ruhte er ziemlich lange und machte dann die 10 Gebote. Um sie an den Mann zu bringen fuhr er auf die Erde und landete irgendwo auf der Arabischen Halbinsel. Bald darauf traf er einen Mann.
„Hallo, ich bin Gott Vater, der Himmel und Erde geschaffen hat."
„Hallo, ich bin Ben Jussuf, wie geht's?"
„Danke. Hast du Interesse an Geboten?"
„Gebote, was sind das?"
„Nun, das sind Verhaltensnormen."
„Kann ich mir nichts drunter vorstellen. Sag' mal ein Beispiel."
„Nun, zum Beispiel: Du sollst nicht töten!"
„Was!! Du sollst nicht töten? Du hast sie ja nicht alle. Hör mal, ich bin Beduine, ich überfalle Kaufleute und wenn die nicht zahlen, muss ich sie umbringen. Wie soll ich sonst meine zehnköpfige Familie ernähren? Dieses Gebot ist hirnrissig, troll dich mit diesem Unsinn!"

Daraufhin war Gott sehr enttäuscht, doch er gab nicht auf und flog weiter nach Ägypten. Dort traf er auch einen Mann und es entwickelte sich ein Dialog wie vorher. Auch der Ägypter wollte ein Beispiel für ein Gebot.

„Nun, zum Beispiel: Du sollst nicht stehlen!"

„Was!! Du sollst nicht stehlen? Du bist verrückt. Ich bin Fremdenführer, wir leben hier von den Touristen, glaubst du im Ernst, die geben uns, was uns zusteht? Natürlich müssen wir stehlen, wie soll ich sonst meine sechs Kinder und zwei Frauen ernähren? Hau ab!!"

Nun war Gott noch deprimierter, aber er versuchte es ein drittes Mal und landete in Palästina. Dort traf er auf einen Hirten.

„Hallo, ich bin Gott Vater, der Himmel und Erde geschaffen hat."

„Hallo, ich bin Moses."

„Ah ja, schon gehört. Sag mal, hast du Interesse an Geboten."

„Gebote? Mhm, was sollen die denn kosten?"

„Was die kosten? Nichts."

„Nichts? Dann gib mir 10 Stück!"

Warum sind die Israeliten 40 Jahre durch die Wüste geirrt?
Weil sie einem Mann gefolgt sind. Eine Frau wäre längst stehen geblieben und hätten nach dem rechten Weg gefragt!

Was war das erste Auto?
Der Ford, denn es steht geschrieben:
„ Sie sündigten in einem fort. "

Zwei Propheten treffen sich. Bei der Begrüßung geben sie sich die Hand und schauen sich in die Augen. Sagt der eine zum andern: „Dir geht's gut, wie geht's mir?"

Wer war der erste Dichter?
Nebel, denn es steht geschrieben:
„Dichter Nebel lag auf der Erde."

Was ist der Name Gottes?
Ernst Groß. Denn in der Bibel steht: „Wer mich mit Ernst an-
ruft, wird erhört werden. Denn mein Name ist Groß."

Woher kam der erste Floh?
Er hieß Joseph und kam aus Ägypten denn es steht geschrieben
„Joseph floh aus Ägypten."

Wer waren die ersten Junkies?
Die heiligen Drei Könige!
Sie folgten einem hellen Stern, den nur sie sahen!

Von welcher Marke war das erste Motorrad?
Triumph: 'Jesus fuhr mit Triumph gen Himmel!'

Maria und Josef suchen in Bethlehem eine Herberge.
Wirt: „Tut mir leid; nichts frei, alles belegt."
Josef: „Aber siehst Du denn nicht, dass mein Weib schwanger
ist?!"
Wirt : „Ja und? Kann ich denn was dafür?"
Josef: „Ja ich etwa?"

Die Weisen aus dem Morgenland treffen am Stall zu Bethlehem
ein. Einer will geradewegs auf die Krippe zugehen und tritt

dabei in einen Kuhfladen. Als er sich die Bescherung ansieht, schreit er „Jesus Christus!" Da dreht sich die Frau an der Tür zu ihrem Mann um: „Du, Josef, ich glaube, das ist ein besserer Name als Gerhard!"

3 Gründe, warum Jesus Italiener gewesen sein muss:
1. Nur ein Italiener wohnt bis 30 bei seiner Mutter.
2. Nur ein Italiener kann seine Mutter für eine Jungfrau halten.
3. Nur eine italienische Mutter kann glauben, ihr Sohn sei Gott.

Jesus bahnt sich seinen Weg durch die Menschenmenge. Am Boden liegt eine Frau. Die Masse tobt: „Steinigt die Sünderin! Steinigt die Sünderin!" Jesus hebt beschwichtigend die Arme: „Ruhe, wer ohne Sünde ist, der werfe den ersten Stein!" Im gleichen Moment fliegt ein Stein aus der Menge gegen den Kopf der Sünderin. Genervt dreht sich Jesus um: „Mutter, halt Du Dich da bitte raus!"

Und Jesus sagte zu ihnen:
„Was sagen die Leute, was ich sei?"
Und sie antworteten:
„Du bist die Manifestation unseres eschatologischen Wesensgrundes, die Verkündigung, die sich kundtut im Konflikt und im Ablauf des Harmonisierungsprozesses."
Und Jesus sagte: „Waaaaaas bin ich?"

Sagt der Fischer im Boot: „Es ist mir scheißegal, wer Dein Vater ist – solange ich hier angle, läufst Du nicht über's Wasser..."

Jesus geht durch die Wüste. Da sieht er einen alten Mann, weinend am Boden liegen.

Jesus: „Was ist denn, alter Mann, warum weinst Du?" Alter Mann: „Ach, Herr, ich bin blind und ich hab' meinen Sohn verloren!"

Jesus: „Komm, lass mich Dir helfen. Beschreib' mir deinen Sohn!"

Alter Mann: „Man kann mir nicht helfen: ich bin blind, ich kann meinen Sohn nicht suchen."

Jesus: „Komm schon, alter Mann, beschreib' ihn mir!"

Alter Mann: „Er hat Löcher an Händen und Füßen." Jesus (schreit auf): „Oh, Vater!!!"

Alter Mann (reißt die Augen auf, schreit aus voller Seele): „Oh , Pinocchio!!!"

War Jesus verheiratet?
Ja, denn es steht geschrieben: „Er ging in die Wüste und eine lange Dürre folgte ihm..."

Kinder und Religionsunterricht

„So weit ist es also mit dir gekommen", herrscht der Pfarrer einen kleinen Jungen an, „du hast Marmelade gestohlen! Weißt du denn nicht, dass es ein Wesen gibt, dem nichts verborgen bleibt, das alles sieht und vor dem ich selbst nur ein elendes Staubkorn bin? Kennst du es nicht?"
„Doch", heult der Junge, „es ist die Frau Pfarrer!"

Der Pfarrer ist mit Xaverl, eigentlich seinem Lieblingsministranten, böse: „Grad am Dreikönigstag kommst du nicht zum Ministrieren, Xaverl", tadelt er. „Was war denn los? Warst du krank?"
„Nein, krank war ich nicht, aber meine Mutter hat Drillinge bekommen."
„Ach so", freut sich der Pfarrer, „dann werden die bestimmt Kaspar, Melchior und Balthasar heißen."
„Nein, sie haben schon andere Namen!"
„Ach, welche denn?"
„Mein Vater hat sofort gesagt: Himmel, Arsch und Zwirn."

Frage des Reli-Lehrers: Wo lebte Elias? – In der Wüste.
Richtig! Und wie nennt man solche frommen Leute, die in der Wüste wohnen? – Wüstlinge.

Der Pfarrer einer kleinen, aber piekfeinen oberbayerischen Landgemeinde fragt seine jugendlichen Schützlinge nach einer guten Tat.
„Ich habe einer alten preußischen Dame in den Bus geholfen", verkündet Xaver.

„Gut", sagt der Pfarrer. Er wendet sich an den Huber. „Und du?"

„Ich habe mitgeholfen."

„Auch gut", gibt sich der Pfarrer zufrieden. „Und du, Friedel?"

„Ich war auch dabei."

Der Pfarrer fragt weiter: „Und du, Toni?"

„Ich habe da auch mitgeholfen."

„Aber", wundert sich der Pfarrer, „wozu braucht ihr denn drei Mann, um einer älteren Dame aus dem Norden in den Bus zu helfen?"

„Ja mei", antwortet der Xaver freudestrahlend. „Die wollte ums Verrecken nicht einsteigen."

Der Religionslehrer in einer bayerischen Schule möchte den Unterricht etwas auflockern und stellt den Schülern eine Scherzfrage: „Kinder, was ist das: Es ist klein, hat ein rotbraunes Fell, einen buschigen Schwanz, und hüpft im Wald von Baum zu Baum?"

Der kleine Detlef, der erst vor kurzem aus Berlin zugezogen ist, meldet sich: „Also, icke würde ja sajen det is'n Eichkater (Eichhörnchen), awer wie ick den Laden hier kenne, is et jewiß wieder det liebe Jesulein..."

„**P**api, wie hat Gott es geschafft, die Welt in sechs Tagen zu erschaffen?" – „Er war nicht auf Handwerker angewiesen!"

Ein Junge macht Schularbeiten und fragt seinen Vater: „Wie schreibt man denn 'Gewehr'? Mit e oder mit ä?"

Der Vater überlegt ein bisschen und antwortet dann: „Ich weiß auch nicht so recht ... schreib' doch einfach 'Flinte'!"

Doch der Junge fragt weiter: „Aber wie schreibt man denn das?"
„Na, mit V wie Pfingsten ..."

Im Saarland gab es bis in die 60er Jahre Konfessionsschulen. In kleineren Orten waren beide Konfessionen meist in einem Gebäude untergebracht. In einem solchen Ort stand eines Tages auf der evangelischen Toilettentür folgender Spruch: „Da unten in dem Plutter, da liegt der alte Luther!"
Einen Tag später stand auf der katholischen Klotür: „Und noch viel tiefer unten drein, da liegt der Papst, das alte Schwein!"

Hast Du gehört? Unser Reli-Lehrer ist gestorben!
Ja. Und ich frage mich die ganze Zeit, wer da mit ihm gestorben ist.
Wieso mit ihm?
Na, in der Anzeige stand doch: „Mit ihm starb einer unserer fähigsten Mitarbeiter."

In der Schule malen die Kinder die Weihnachtsgeschichte.
Die Lehrerin fragt Fritzchen:
Wer ist denn der kleine Bursche neben der Krippe, der von einem Ohr zum anderen grinst?"
Fritzchen sagt: „Das ist der Owie."
„Wer ist denn Owie?"
Fritzchen sagt: „Na, es heißt doch: Stille Nacht,
Heilige Nacht, 'o wie' lacht!"

Ein Junge malt ein Flugzeug, aus dem vier Köpfe herausragen; ein Kind, eine Frau, ein Mann mit Bart, und einer mit Brille.

Auf die Frage, wer denn der zweite Mann sei neben dem heiligen Joseph, kommt die Antwort: „Das ist der heilige Pontius Pilotus!"

Der Bischof besuchte die Schule. Im Religionsunterricht fragte er den kleinen Hansi, wer wohl die Mauern von Jericho zerstört hatte.

Hansi erwiderte, dass er das nicht wisse, aber er sei es auf gar keinen Fall gewesen.

Der Bischof war einigermaßen erschüttert von dieser Antwort und ging mit dem kleinen Hansi zum Klassenlehrer und erzählte ihm den ganzen Vorfall.

Der Klassenlehrer sagte darauf hin, dass er den kleinen Hansi und seine Familie sehr gut kenne und wenn Hansi sage, er habe es nicht getan, dann könne man ihm ruhig Glauben schenken.

Jetzt war der Bischof schwer erschüttert, ging zum Rektor und erzählte ihm empört nochmals den ganzen Vorfall.

Der Rektor hörte ihm zu und sagte dann: „Also, ich weiß wirklich nicht, warum Sie sich da so aufregen. Wir holen uns einfach drei Kostenvoranschläge rein und reparieren diese verdammte Mauer!"

Drei kleine Jungen geben an.

„Ich habe einen Onkel, der ist Pfarrer. Zudem sagen alle 'Hochwürden'."

„Mein Onkel ist sogar Kardinal. Den müssen alle Leute mit 'Eminenz' anreden."

„Das ist doch gar nichts", sagt der dritte, „ich habe eine Tante. Wenn die auftaucht, rufen meine Eltern 'Allmächtiger Gott'."

Paul steht an einer Straßenecke und lässt seinen Rosenkranz immer um seinen Zeigefinger kreisen. Da kommt der Pfarrer vorbei. Er sagt leicht entrüstet: „Aber Kind, das darfst du nicht tun. Bedenke, dass jede Perle ein Jesuskindchen ist."
Kaum ist der Pfarrer verschwunden, sagt Paul:
„Haltet euch fest, Jungs. Es geht wieder rund!"

Finden zwei Jungen einen Groschen auf der Straße und streiten sich, wer ihn bekommt. Sie einigen sich auf den, der am besten lügen kann. Ein Prälat, der zufällig vorbeikommt, hat das gehört und regt sich furchtbar auf: „Aber das tut man doch nicht, lügen! Ich habe in meinem ganzen Leben noch nie gelogen."
Sagt der eine Junge: „Komm, gib dem Pfarrer den Groschen!"

Mama, bringt der Storch wirklich die Babys?
Selbstverständlich, mein Schatz.
Und die Weihnachtsgeschenke, bringt die tatsächlich der Weihnachtsmann?
Ja, mein Kind.
Und unser tägliches Brot schenkt uns der liebe Gott?
So ist es.
Dann möchte ich aber gern mal wissen, wozu wir eigentlich Papa haben!

Ein Zögling der Klosterschule kommt zum Beichten.
„Pater, ich habe beim letzten Fußballturnier eine Schlägerei angefangen."
„Und was war weiter?"
„Ich habe einem Jungen von der gegnerischen Mannschaft zwei Zähne ausgeschlagen."
„Und weiter?"

„Einem anderen habe ich die Nase blutig geschlagen und einem dritten in den Unterleib getreten."

„Das ist nicht nur unfair, mein Sohn, du hast auch dreimal gegen die Gesetze der christlichen Nächstenliebe verstoßen. Gegen wen habt ihr denn gespielt?"

„Gegen die Schüler vom Martin-Luther-Gymnasium."

„Na ja, Jungen sind halt Jungen ..."

Der kleine Fritz bekommt seinen ersten Aufklärungsunterricht. Frau Müller hat deshalb einen so dicken Bauch gehabt, weil sie ein kleines Töchterlein bekommen hat.

„Ach so", sagt Fritzchen, „deshalb ist unser Pfarrer so dick. Wir sollen nämlich einen neuen Vikar bekommen."

Religionsunterricht. Der Lehrer fragt: „Wo wohnt Gott?"
Fritzchen: „Im Klo."

„Wie kommst du denn darauf?"

„Na ja, jeden Morgen, wenn mein Vater aufsteht, hämmert er gegen die Klotür und ruft 'Mein Gott, bist du denn noch nicht fertig?'"

In einer bayerischen Landgemeinde werden die Kinder vom Pfarrer nach biblischen Wundern gefragt.

„Das Wunder von der Speisung der Fünftausend", ruft einer.

„Das Wunder der Auferstehung", meldet sich ein anderer.

Da springt der Maxl auf: „Bei uns ist gestern auch ein Wunder geschehen!"

Wundert sich der Pfarrer: „Bei euch ist ein Wunder geschehen? Wann war denn das?"

„Als wir die Sau geschlachtet haben."

„Aber Maxl, das ist doch kein Wunder."

„Doch", beharrt der Kleine, „als wir uns niedergesetzt haben zum Kesselfleisch, da hat der Vater gesagt: 'Ist schon ein Wunder, dass der Pfarrer noch nicht da ist'."

Sepp, der Bauernsohn, hat Ärger mit seinem Zeugnis: lauter Einser sind drauf, nur in Religion hat er eine 6. Der Vater kann es nicht fassen und spricht mit dem Pfarrer.
„Das ist doch ein Irrtum! In den anderen Fächern hat er überall eine Eins!"
„Mag sein, aber als ich ihn gefragt habe, wann der Herr Christus gestorben ist, hat er gesagt, er weiß es nicht."
„Ja, Himmeldonnerwetter. Du weißt doch genau, dass wir auf der Alm wohnen. Wir haben kein Radio, kein Fernsehen, keine Zeitung – wir haben ja noch nicht einmal gewusst, dass der gute Mann krank ist!"

„Mama, können Engel tatsächlich fliegen?"
„Nein, mein Junge, das ist natürlich nur so dahingesagt. Wieso fragst du?"
„Na, weil Vater zu unserem Kindermädchen immer 'Mein Engel' sagt."
„Dann allerdings fliegt sie!"

Mama singt dem kleinen Matthias ein Lied vor: „Mein Jesus liebt mich ganz gewiss, das ist mein Paradies."
Matthias strahlt: „Ich hab bei Tante Inge auch ein paar Radieschen gegessen."

In der Schule sprach der Lehrer über Wale. Er sagte, dass es für einen Wal unmöglich sei, einen Menschen zu verschlucken.

Obwohl er ein so großes Tier ist, sei sein Schlund viel zu eng. Ein kleines Mädchen wendete aber ein, dass Jona von einem Wal verschluckt wurde. Der Lehrer war etwas irritiert, blieb aber bei seiner Darstellung, ein Wal könne keinen Menschen verschlingen. Das sei physisch unmöglich. Das kleine Mädchen sagte: „Wenn ich einmal in den Himmel komme, werde ich Jona fragen."

Der Lehrer: „Und wenn Jona in der Hölle ist?"

Das kleine Mädchen: „Dann musst du ihn fragen!"

In Unteritalien schlendert ein kleines Bürschchen sonntags zur Messe. In der Hand hält er zwei Lirastücke, eines für die Kollekte und eines für Schleckereien. Tänzelnd balanciert er auf der Bordsteigkante. Plötzlich stolpert er, eine Münze entfällt seiner Hand und kullert in den Gully. Sein Bußruf: „Domine, dass du ausgerechnet das Lirastück für Dich in den Gully hast rollen lassen..."

Kevin hat 2 Krippenfiguren in der Kirche geklaut: Maria und Josef. Zuhause schreibt er seinen Wunschzettel an das Christkind: „Liebes Christkind, wenn du mir kein Fahrrad schenkst, siehst du deine Eltern nicht wieder!"

Der Klassenlehrer meint zum Religionslehrer, der gerade hereinkommt, um seine erste Stunde in dieser Klasse zu halten, dass er wahrscheinlich nicht sehr zufrieden mit dieser Klasse sein würde.

„Stellen Sie sich vor: Ich habe gefragt, wer die vier Evangelisten sind, und keiner wusste es. Schließlich antwortete der Sepp: 'David und Goliath'!"

Darauf der Religionslehrer: „Na, wenigstens hat er zwei davon gewusst!"

Ein Dorf bekommt neue Glocken. Zur Einweihung und Feierlichkeit kommen der Pfarrer und der Bürgermeister und halten eine Ansprache. Eine Schulklasse ist bei diesem Fest dabei. Am anderen Tag sollen die Schüler einen Aufsatz schreiben. Ein Schüler schreibt: „Gestern hatten wir Glockenweihe. Der Pfarrer und der Bürgermeister hielten eine Rede, dann wurden sie hochgezogen, sie wogen zusammen 40 Zentner. Hoffentlich bleiben Sie lange dort oben, damit der Frieden erhalten bleibe."

Der Pfarrgarten hat die meisten Äpfel und Quitten im ganzen Dorf. Zur Erntezeit schleichen sich die Kinder heimlich in den Garten und bedienen sich kräftig. Dem Pfarrer wird das irgendwann zu bunt und er hängt ein Schild auf: GOTT SIEHT ALLES.
Am Tag darauf steht darunter: ABER ER PETZT NICHT!

Der Lehrer: „Welche Sünde hat Adam begangen?"
Ein Schüler: „Er hat vom verbotenen Apfel gegessen!"
Lobt ihn der Lehrer: „Richtig. Und womit wurde er bestraft?"
Der Schüler: „Er musste Eva heiraten!"

Der Pastor möchte den Kindern die Wunder erklären und fragt sie: „Wie nennt man eine Handlung, bei der Wasser zu Wein wird?"
Ein Schüler: „Weinhandlung, Herr Pastor!"

Der Pfarrer in der Sonntagschule:
„Was muss man tun, um in den Himmel zu kommen?"
Meldet sich ein Kind: „Sterben!"

Der Religionslehrer vor seiner Klasse:
„Kinder sind Geschenke Gottes."
Frage aus der hinteren Bankreihe:
„Und warum schlägt man Geschenke Gottes?"

Im Konfirmandenunterricht wird der biblische Bericht über die Schöpfung des Menschen durchgenommen.
Ein Junge meldet sich: „Mein Vater sagt, wir stammen vom Affen ab!"
Sagt der Pfarrer: „So? Nun, ich will mich nicht in Eure Familienverhältnisse einmischen!"

„Jonas, wie stellst du dir das Land vor, in dem Milch und Honig fließen", fragt der Pfarrer. – „Klebrig."

Der Religionslehrer fragt: „Wo ist das Himmelreich, Kinder?"
„In Erlangen", antwortet einer.
„Wie kommst du den darauf?" – „In der Bibel steht doch: Suchet das Reich Gottes zu erlangen."

Der Pfarrer liest im Religionsunterricht aus der Bibel vor: „Und der Vater des verlorenen Sohnes fiel auf sein Angesicht und weinte bitterlich! Kannst Du mir sagen warum, Florian?"
„Klar! Knallen Sie mal mit der Nase voll auf die Erde, da kommen Ihnen auch die Tränen!"

Der Sohn fragt seinen Vater: „Papa, kannst du mir sagen wer Hamlet war?"
„Natürlich, mein Sohn, aber du sollst ja lernen, drum hol' dir die Bibel und sieh selbst nach!"

Der Lehrer versucht, den Kindern den Begriff Barmherzigkeit klar zu machen. „Passt mal auf", sagt er. „Wenn ein Fuhrmann im Heiligen Land, von dem ich euch eben erzählt habe, auf seinen Esel einschlägt, und ich hindere ihn daran, was ist das dann für eine Tugend?"
Da ruft ein Schüler: „Bruderliebe, Herr Lehrer!"

Im Religionsunterricht: Mäxchen hat besonders gut zugehört und fragt seinen Lehrer: „Also, dann gilt das zehnte Gebot nur für Lehrer?" – „Wieso das denn?", fragt der Lehrer erstaunt. Mäxchen superschlau: „Es heißt doch: Du sollst kein falsches Zeugnis geben!"

Der siebenjährige Vincent kommt aus dem Reli-Unterricht: „Mama, jetzt weiß ich, was der liebe Gott ist. Ein Trichter!"
Die Mutter ist entsetzt, kann aber ihrem Jungen den Trichter nicht ausreden.
Nach der nächsten Unterrichtsstunde berichtigt Vincent: „Mama, du hattest recht – der liebe Gott ist kein Trichter. Aber aus der Küche war's was! Er ist ein Schöpfer!"

Lehrer: „Was werden sich wohl die Hochzeitsgäste bei der Hochzeit zu Kanaan gedacht haben, als Jesus das Wasser in Wein verwandelt hat?"
Schüler: „Den laden wir auch mal ein."

„Papa, der Lehrer wollte wissen, ob ich noch mehr Geschwister habe. Ich habe nein gesagt."
„Und was meinte der Lehrer dazu?"
„Gott sei Dank!"

Die kleine Ilse: „Ich darf nicht mehr mit dir spielen, Moritz. Meine Mama hat gesagt, ihr Juden habt Jesus gekreuzigt."
Moritz: „Das haben wir ganz bestimmt nicht getan! Das müssen Kohns von nebenan gewesen sein."

Eines Tages kommt die kleine Mathilde von der Schule nach Hause und erzählt: „Mutti, die heilige Maria hat eine Schirmfabrik."
Die Mutter erstaunt: „Wie kommst du denn darauf?"
Die kleine Mathilde: „Wir haben heute morgen im Religionsunterricht gesungen 'Maria, breit den Mantel aus und mach uns Schutz und Schirm daraus'."

Dialog zwischen Mutter und Kind: „Mutti, ist Gott ein Mann oder eine Frau?"
Mutter: „Genau genommen ist Gott beides."
Kind: „Mutti, ist Gott schwarz oder weiß?"
Mutter: „Wenn du mich so fragst, dann würde ich sagen, Gott ist beides."
Kind: „Mutti, ist Gott eigentlich homosexuell oder heterosexuell?"
Mutter: „Gott liebt alle Menschen, also ist er irgendwie beides."
Kind: „Mutti, ist Gott Michael Jackson?"

Peter hat zu Ostern einen neuen Klassenlehrer bekommen. Nach einigen Tagen fragen ihn seine Eltern: „Wie gefällt dir denn dein neuer Lehrer?"

Sagt Peter: „Ganz gut. Er muss ein sehr frommer Mann sein!"

Erstaunt fragt der Vater: „Woraus schließt du das?"

„Als ich ihm gestern mein Diktatheft zeigte, sah er lange Zeit hinein und rief mehrmals: 'Mein Gott, mein Gott!'"

Als Hans zum ersten Mal von der Dreifaltigkeit hört, überlegt er kurz und fragt dann: „Mutti, wenn der Heiland und der Heilige Geist nicht da sind, ist der liebe Gott dann einfältig?"

„Nun, Hänschen", fragt der Onkel, „wie weit seid ihr denn im Religionsunterricht?"

Hänschen: „Mit dem lieben Gott sind wir fertig!"

Zwei Jungs prügeln sich auf der Straße. Da kommt der Pfarrer vorbei und tadelt sie: „Schämt euch! Kennt ihr nicht den Satz: Du sollst den Nächsten lieben wie dich selbst?"

„Das ist ja nicht mein Nächster", erwidert einer der Jungs, „das ist mein Bruder."

„Schön, dass du wieder in die Kirche gehst!", sagt der Pfarrer zu einem Jugendlichen. „Ist das wegen meiner Predigten?"

„Nicht wegen Ihrer Predigt, wegen der Predigt meiner Eltern!"

Weinend kommt der kleine Paul aus dem Kindergottesdienst nach Hause. „Der liebe Gott ist sehr krank", schluchzt er, „vielleicht muss er sogar sterben." – „Wer hat dir denn diesen Unsinn eingeredet?", fragt die Mutter. „Der Herr Pastor hat es selbst gesagt", erwidert Paul. „Er hat sein Buch genommen und gesagt: 'Ich muss der Gemeinde eine traurige Mitteilung machen. Heute früh hat Gott den allseits geschätzten Doktor Hansen zu sich gerufen.'"

Damit ihr Enkelkind beim Gottesdienst brav stillhält, erklärt ihm die Oma kurz vor der Wandlung: „Jetzt musst du schön leise sein und nach vorne schauen! Gleich kommt der liebe Gott!" Während die Kleine mit großen Augen nach vorne guckt, kommt der Küster und schlägt zweimal auf den großen Gong. Nach der Messe fragt die Oma: „Und – hast du es gemerkt, wie der liebe Gott da war?"
„Ja – und gut draufhauen kann er auch...!"

Es ist Sonntag. Die Eltern sitzen mit ihrer kleinen Tochter in der Kirche. Die Predigt dauert an und die Kleine rutscht hin und her. Plötzlich fragt sie die Mutter: „Mutti? Ist immer noch Sonntag?"

Zwei Kinder gehen mit ihrer Oma in den Dom. Nachdem die Oma ihnen alles gezeigt hat, treffen sie auf einen Pfarrer, der hinter dem Vorhang eines Beichtstuhls hervorguckt. Die Großmutter unterhält sich mit ihm. Als sie geht, verabschiedet sich der Pfarrer: „Auf Wiedersehen, liebe Kinder." Die Oma zu den Kindern: „Sagt schön auf Wiedersehen!"
„Auf Wiedersehen, Kasperle!"

Nach der Taufe seines kleinen Bruders war Johannes ganz unruhig. Was ist los, fragte der Vater. Zunächst schweigt Johannes, dann aber platzt er raus: Der Pastor sagte, er möchte, dass wir in einem christlichen Haus aufwachsen. Ich möchte aber bei Euch bleiben!

Eine Frankfurterin kommt nach Köln und sieht bei einer Prozession mit sichtlichem Wohlgefallen den kleinen, weißgekleideten Mädchen zu. Endlich beugt sie sich zu einem der Mädchen hinab, streicht ihm übers Haar und sagt: „Bist du aber ein liebes Kind!"
„Ich bin ein Engelchen, du Arschloch."

Gebete und Wünsche

Als die Haushälterin das Essen aufgetragen hat, setzt sich der Pfarrer zu Tisch, beginnt zu speisen und unterlässt es, zuvor das Tischgebet zu sprechen.

„Aber Hochwürden", rügt die Haushälterin, „Sie haben ja vergessen, den Herrn zu bitten, die Mahlzeit zu segnen!"

„Hab' ich nicht", brummt der Pfarrer. „Bei der ewigen Resteverwerterei, liebe Berta, befindet sich auf diesem Tisch nichts, worüber nicht schon mindestens dreimal der Segen gesprochen wäre!"

Der Religionslehrer fragt die Kinder: „Bei wem von Euch wird zum Essen gebetet?"

Niemand meldet sich.

„Nanu? Spricht denn bei keinem von Euch der Vater beim Tisch vom lieben Gott?"

Da meldet sich Fritzchen: „Doch, meiner tut das!"

„Sehr schön, und was sagt er?"

„Ach, du lieber Gott, was ist das wieder für ein Fraß!"

Gott kam einmal auf die Erde, um nach dem Rechten zu sehen. Er traf einen Mann, der auf einer Straße stand und bitterlich weinte. „Warum weinst du so?"

„Kann ich dir nicht sagen."

„Sag's nur, ich bin dein Gott, ich kann das Problem sicherlich aus der Welt schaffen."

„Dann kann ich's dir ja sagen: ich bin aus Altona."

Da ließ Gott seinen Kopf hängen und weinte mit.

Fragt der Reli-Lehrer: „Na, Kläuschen, betest du auch jeden Abend schön?"
„Ja, aber das tut immer meine Mutter für mich."
„Wie schön, und was betet sie denn so?"
„Gott sei Dank, dass der endlich im Bett ist!"

Gott besucht Afrika, und weil er gut gelaunt ist, denkt er sich: Ich werde hundert Afrikanern einen Wunsch erfüllen. Er fragt den ersten Schwarzen: „Was wünscht Du Dir?"
Der Schwarze antwortet: „Ich möchte weiß werden." Der Wunsch wird ihm erfüllt. Auch der zweite, dritte, vierte, fünfte wünscht sich das gleiche. Gott fällt auf, dass der letzte in der Schlange sich krümmt vor Lachen. Alle 99 Afrikaner hatten den gleichen Wunsch, der ihnen natürlich auch erfüllt wurde. Gott fragt den Allerletzten: „Und was wünscht Du Dir?"
Der Schwarze, immer noch lachend: „Ich wünsche mir, dass alle wieder schwarz werden..."

Am Sonntag spricht der Pastor mit den Kindern über das Tischgebet. Einige Kinder erzählen, was sie zu Hause beten: „Komm, Herr Jesu, sei unser Gast und segne ..."
„Und du, Florian, was betest du vor dem Essen?"
„Wir beten nicht. Meine Mutter kann ja kochen."

Eine Hausfrau hat viele Gäste zum Abendessen eingeladen. Als alle sich gesetzt haben, wendet sich die Gastgeberin an ihre sechsjährige Tochter und fordert sie auf: „Möchtest du das Tischgebet sprechen?"
„Ich weiß nicht, was ich sagen soll", antwortet das Mädchen verlegen.

Ein Gast ermuntert sie: „Sprich einfach so, wie du es von deiner Mutter kennst."

Darauf neigt das Mädchen den Kopf und betet laut: „Herr Jesus, warum in aller Welt habe ich all diese Leute zum Essen eingeladen!"

Wie viele Kinder hat auch Andreas einen direkten Abscheu vor Spinat. Als die Mutter wieder einmal das grüne Zeug auf den Tisch stellt und Andreas mit dem Tischgebet an der Reihe ist, sagt er: „Komm, Herr Jesus, sei unser Gast, dann siehst du, was du uns bescheret hast."

Gebet eines DDR-Bürgers

„Komm lieber Erich, sei unser Gast und gib uns die Hälfte von dem, was Du hast. Wir feiern den Tag ganz einfach und schlicht, am Morgen keine Kohle, am Abend kein Licht. Wir haben die Freundschaft, mehr brauchen wir nicht. Zu Ostern keine Geschenke, zu Pfingsten keine Getränke, zu Weihnachten keinen „Boom", zu Silvester keinen Strom, im Konsum keine Verwandten, in der HO keine Bekannten, aus dem Westen kein Paket, und dann lieber Erich fragst Du, wie es uns geht.

Mensch: Stimmt es, Gott, dass für Dich 1 Million Jahre wie ein Augenblick sind?

Gott: Ja.

Mensch: Und stimmt es, Gott, dass für Dich 1 Million Euro wie ein Cent sind?

Gott: Ja.

Mensch: Ach bitte, Gott, gib mir doch einen Pfennig.

Gott: Gerne, warte einen Augenblick ...

Familie Horn hat Gäste. Man sitzt zu Tisch, und Vater Horn fragt: „Wollen wir vielleicht vorher beten?"
„Wieso? ... Ist was mit dem Essen?"

Peter verrichtet am Vorabend seines Geburtstages wie gewöhnlich sein Abendgebet. Am Schluss ruft er aber plötzlich mit höchster Lautstärke: „Und dann, lieber Gott, schenk' mir doch morgen ein schönes Fahrrad!" Fragt die Mutter erstaunt: „Warum schreist du denn so? Der liebe Gott ist doch nicht schwerhörig!"
„Der liebe Gott nicht", sagt der Kleine, „aber der Opa nebenan!"

Eine Mutter geht mit ihrem Sohn in eine stille Kirche und betet dort. Nach einiger Zeit wird der Junge unruhig, schaut in der Kirche herum, bis er vorne das Ewige Licht entdeckt. Er beobachtet es einige Zeit, dann stößt er seine Mutter an: „Du, Mama, wenn das Licht grün wird, können wir dann gehen?"

Messe und Gottesdienst

Ein Bauernfamilie kann am Sonntag nicht zur Messe kommen, weil Regen angesagt ist und die Ernte eingebracht werden muss. Nur der alte, wortkarge Großvater geht zur Kirche. Als nach dem Abendbrot alle beisammensitzen, wird er gefragt, worüber denn der Pfarrer gepredigt hätte.
„Über die Sünde." – „Und was hat er gesagt?"
„Er war dagegen."

Eine alte Frau kommt nach dem Gottesdienst aus der Kirche. Sie schaut zur Turmuhr hoch und sagt vor sich hin: „Jetzt kann ich wieder laufen, jetzt kann ich wieder laufen!"
Der Pfarrer hört das und fragt: „Sagen Sie, gute Frau, haben Sie gerade ein Wunder erlebt? Seien Sie froh und dankbar, dass Sie wieder laufen können!"
„Nein", antwortet die Frau, „ich habe kein Wunder erlebt. Wegen Ihrer langen Predigt habe ich den Bus verpasst, und jetzt kann ich wieder nach Hause laufen!"

Ein Pater hält als Aushilfe den Gottesdienst in der Nachbargemeinde. Er geht ans Mikrofon, klopft mit dem Finger dran und sagt: „Ich glaube, mit dem Mikrofon stimmt was nicht!"
Antwort der Gemeinde: „Und mit deinem Geiste!"

Der Pfarrer möchte wieder mehr Leute in der Kirche haben. Also bespricht er sich mit dem Kirchendiener. Der Kirchendiener: „Ich nehme mir eine weiße Taube und wenn du in deiner Predigt sagst 'Der heilige Geist soll erscheinen!', dann lasse ich den Vogel fliegen." Einverstanden.

Am Sonntag predigt der Pfarrer: „Der heilige Geist soll erscheinen!" Kommt von hinten eine Stimme: „Die Katz hat ihn gefressen!"

Pfarrer Wood führte ein erbärmliches Leben in Blackbridge. Eines Tages beschloss er fortzugehen und sagte in seiner Abschiedspredigt: „Unsere Trennung schmerzt mich aus drei Gründen: ihr liebt mich nicht, ihr liebt einander nicht und der Herr liebt euch auch nicht. Wenn ihr mich lieben würdet, würdet ihr mein rückständiges Gehalt längst gezahlt haben. Wenn ihr euch untereinander lieben würdet, würdet ihr heiraten, und ich hätte mehr Trauungen vorzunehmen. Wenn der Herr euch lieben würde, würde er mehr von euch zu sich rufen, und ich hätte einige Trauerpredigten mehr!"

Ein Kirchenbesucher von auswärts hat seinen Schirm in der Kirche liegen lassen. Er eilt zurück, klagt dem Küster sein Leid. Der winkt ab: „Da werden sie bei uns keine Chance haben. Wir haben so gläubige Leute in der Gemeinde, dass mindestens einer den Schirm für eine Gebetserhörung gehalten hat."

Eine fromme Frau fragt den Pfarrer, ob er die vollkommene Kirchengemeinde kenne. Sie würde dort so gerne Mitglied werden.
„Ja, ich kenne so eine Gemeinde", antwortet er, „aber es gibt dabei ein Problem."
„Ich verstehe nicht, was Sie meinen", sagt die Frau. „Die vollkommene Gemeinde kann doch keine Probleme haben."
„Oh doch", sagte der Pfarrer, „wenn Sie dort Mitglied werden, ist die Gemeinde nicht mehr vollkommen."

„McNassower, warum gehen Sie nicht mehr in die Kirche?",
fragt der Pfarrer der Gemeinde.
McNassower antwortet: „Aus drei Gründen, Herr Pfarrer.
Erstens gefällt mir das Gedudel der Orgel nicht, zweitens geht
ihr Gequatsche mir auf die Nerven und drittens habe ich in ihrer
Kirche meine Frau kennen gelernt."

In einer schwarzen Gemeinde im Süden der USA. Seit Wochen
herrscht eine furchtbare Dürre. So schickt die Gemeinde eine
Abordnung zum Pfarrer, er möge Bittgebete zum Himmel
senden, um die Ernte zu retten.
„O ihr Ungläubigen", herrscht der Pfarrer sie an, „da macht ihr
den langen Weg zur Kirche, damit ich den Himmel um den
ersehnten Regen anflehe. Und was sehe ich? Nicht einer von
euch hat einen Regenschirm für den Rückweg dabei."

Der junge Pfarrer hält seine erste Predigt. Immer wieder gerät er
aus dem Konzept, weil vorn in der ersten Reihe eine Frau sitzt,
die durchgehend in ihr Taschentuch schluchzt. Nach dem
Gottesdienst geht er zu ihr und fragt, warum sie denn geweint
habe. So traurig sei das Thema doch nicht gewesen.
„Nein, das nicht, aber ich bin Witwe, und mein einziger Sohn
studiert und will auch Pfarrer werden. Da habe ich die ganze
Zeit denken müssen, wenn der eines Tages auch so schlecht
predigt, hätte ich doch lieber nicht so viel für sein Studium ge-
spart."

Es ist mitten im strengen Winter, und die Kirche ist nicht ge-
heizt. Während die Gemeinde vor sich hin friert, hat sich der
Pastor jetzt erst warmgeredet.

„Johannes aber erhielt den Beinamen 'der Täufer'. Wer war dieser Johannes? Was bedeutet er uns heute? Wohin setzen wir ihn? Setzen wir ihn neben die Jünger, die Jesu gefolgt sind? Setzen wir ihn neben die Apostel? Neben Petrus? Neben Paulus? Oder setzen wir ihn neben den Herrn selbst...?"
Da steht ein Mann in der dritten Reihe auf und sagt: „Wenn ihm auch so kalt ist wie mir, kann er sich hierhin setzen. Da ist der Sitz noch warm. Ich geh jetzt nach Hause."

„Letzten Sonntag habe ich zum ersten Mal seit 8 Monaten nicht im Chor gesungen."
„Ach, das war es. Ich hatte schon gedacht, sie hätten die Orgel repariert!"

Der schwarze Pfarrer stellt seiner Gemeinde den weißen Gastprediger vor: „Und wenn seine Haut auch weiß ist, liebe Brüder, so ist seine Seele doch genauso schwarz wie unsere."

„Seht die schrecklichen Sünden auf dieser Erde!" ruft der Wanderprediger. „Brüder in Christo, ich warne euch vor der Zigarette. Sie ist die Wurzel allen Übels. Auf diese Zigarette folgt unweigerlich das erste Glas Whisky. Und auf den Whisky folgt die erste Frau. Schon seid ihr der Lust der Sünde verfallen ..."
Da unterbricht ihn einer der Zuhörer: „Wo bekommt man denn diese sagenhafte Zigarette?"

Pastor Mönkemöller ist bekannt für seine salbungsvolle Art zu reden. Am Sonntag beginnt er seine Predigt: „Herr, so lässest du deinen Diener in Frieden fahren – heißt es in unserem heutigen

Text. Darum wenden wir uns nun dieser Stelle zu, weil wir alle wissen wollen, wie der Herr, der Allmächtige, in Frieden einen Fahren lässt ...“

Der schottische Pfarrer kommt nach der Predigt am Sonntag nach Hause.
„Gib mir den Klingelbeutel!“, herrscht ihn seine Frau an.
„Aber, meine Liebe ...“
„Lass mich sehen, vielleicht ist diese Woche endlich der passende Knopf für deinen Mantel drin.“

Ein Pastor hatte vor seiner ersten Predigt großes Lampenfieber. Er fragte einen Freund, was er denn tun könne.
„Naja“, sagte dieser „du stellst dich vor einen Spiegel und übst. Und immer, wenn du das Zittern bekommst, trinkst du einen Schnaps.“
Gesagt, getan. Nach dem 17. Zittern war er beruhigt und bestieg die Kanzel. Am Ende der Predigt bekam er tosenden Beifall. Er stieg von der Kanzel und fragte seinen Freund, wie ihm denn die Predigt gefallen habe. „Nun, sie war wirklich gut, allerdings sind mir 10 Fehler aufgefallen:

1.	Eva hat Adam mit dem Apfel und nicht mit der Pflaume verführt.
2.	Kain hat Abel mit dem Knüppel erschlagen und nicht mit der MP erschossen.
3.	Es heißt auch nicht Berghotel, sondern Bergpredigt.
4.	Jesus wurde nicht auf der Kreuzung überfahren, sondern ans Kreuz geschlagen.
5.	Gott opferte seinen Sohn nicht den Eingeborenen, sondern seinen eingeborenen Sohn.
6.	Es war auch nicht die Geschichte vom warmherzigen Bernhardiner, sondern vom barmherzigen Samariter.

7. Es heißt auch nicht: Sucht mich nicht in der Unterführung, sondern: Führe mich nicht in Versuchung.

8. Man sagt auch nicht „Dem Hammel sein Ding!", sondern „Dem Himmel sei Dank!"

9. Es heißt auch nicht: „Jesus, meine Kuh frisst nicht!", sondern „Jesus, meine Zuversicht!"

10. Und am Schluss der Predigt heißt es „Amen" und nicht „Prost"!

Die katholische Version:

Der neue Pfarrer war so nervös, dass er bei der ersten Messe fast nicht sprechen konnte. So fragte er den Bischof um Rat. Dieser sagte, dass er vor der nächsten Messe zwei Tröpfchen Wodka in ein Glas Wasser geben solle und wenn er dieses zu sich nehme, sei er sicher nicht mehr so nervös. Dem Pfarrer ging es so gut, dass er ohne Nervosität die Zeremonie hinter sich brachte. Als er aber am nächsten Tag in die Sakristei ging, fand er dort eine Notiz vom Bischof vor:

Mein lieber Bruder in Christo, das nächste Mal geben Sie bitte einige Tröpfchen Wodka ins Wasser und nicht umgekehrt. Ich gebe Ihnen zudem einige Angaben, so dass die nächste Messe wieder in geregelten Bahnen verläuft:

1. Es ist nicht nötig, Zitronenscheiben an den Kelchrand zu setzen.

2. Stützen Sie sich nicht mehr auf der Statue der Jungfrau auf. Noch weniger umarmen Sie diese. Und küssen müssen Sie diese auch nicht.

3. Die Gebote sind derer 10 und nicht 12.

4. Die Anzahl der Apostel ist 12 und nicht 7. Keiner war ein Zwerg.

5. Jesus und die Apostel benennen wir nicht mit „J.C. and the Company".

6. Bin Laden hat nichts mit dem Tod von Jesus zu tun.

7. Die Hostie ist nicht zum Aperitif mit dem Wein, sondern für die Gläubigen.
8. Die Aufforderung zum Tanz ist nicht schlecht, aber eine Polonaise durchs Kirchenschiff: Nein!

Weitere Antworten
–   Jesus und die Apostel benennen wir nicht mit 'J.C. & the Gang'
–   Weshalb Sie den Messwein in einem Zug leer getrunken, dann Salz geleckt und anschließend in die Zitrone gebissen haben, ist mir auch unklar!
–   Noah baute die Arche und besaß kein Offshore-Boat.
–   Moses teile das Meer auch nicht mit einer "Meerweg-Flasche"
–   Abraham war auch nicht der Vater der Schlümpfe.

Ein mit bildkräftiger Sprache begabter Pfarrer sagt in seiner Predigt: „Es gibt Nüsse von unterschiedlicher Härte: Erdnüsse, Haselnüsse, Kokosnüsse – aber die härteste Nuss ist die Unbefleckte Empfängnis!"

Pfarrer: „Wollen Sie ihren Sohn wirklich Axel nennen, Frau Schweiß?"

Ärgerlich über die Unpünktlichkeit seine Gemeindeglieder betete ein Pastor: „O Herr, wir vertrauen darauf, dass du nicht unpünktlich bist wie manche von uns. Segne die, die sich jetzt versammelt haben, gib Gnade denen, die noch hierher unterwegs sind, und hab Erbarmen mit jenen, die sich jetzt erst fertig machen und beim Kirchenkaffee erscheinen werden."

Nach dem Gottesdienst drückt der Pastor seine Verwunderung aus, dass ein kleines Mädchen die ganze Zeit über so ruhig neben seiner Mutter sitzen konnte.

„Das war gar nicht so einfach, Herr Pastor. Aber als sie immer unruhiger wurde, habe ich ihr gesagt: Wenn du nicht still bist, verliert der Herr Pastor seinen Faden und wird mit der Predigt wieder von vorne beginnen."

Liedansage: Unser Organist ist heute leider erkrankt. Wir singen deshalb ohne Orgelbegleitung. Wir beginnen mit dem Lied: „Wir wissen nicht, was kommt."

Der Pastor beim Gabengebet über dem Dankopfer: „Gütiger Gott, du gibst reichlich. Wir leben aus der Fülle deiner Gaben. Dieses Opfer ist Ausdruck unserer Dankbarkeit. Segne die Gaben zur Ausbreitung deines Reiches. In deiner großen Weisheit weißt du sicher auch, mit den Hosenknöpfen etwas anzufangen."

An einem wunderschönen Sonntagmorgen stellte der Pastor seine Gemeinde vor eine schwere Entscheidung: „Ich habe heute eine 1000 Euro-Predigt, die 5 Minuten dauert; oder eine 500 Euro-Predigt, die 15 Minuten dauert; oder eine 100 Euro-Predigt, die 60 Minuten dauert. Wir wollen nun unsere Kollekte sammeln und sehen, welche ich euch heute halten soll."

Ein Prediger predigt lange, sehr lange. Plötzlich steht einer der Zuhörer auf und geht. Der Prediger fragt: „Wo gehen Sie hin?" „Zum Friseur", antwortet der Gefragte.

Ruft ihm der Prediger hinterher: „Warum sind Sie nicht vorher gegangen?"
Erwidert der Zuhörer: „Da war's noch nicht nötig."

Sonntagspredigt in der Dorfkirche. „Ihr schaut immer nur auf das Äußere, auf das hübsche Gesicht und das hübsche Kleidchen, wettert der strenge neue Kaplan gegen die leichtfertigen Liebschaften der jungen Burschen. Ich aber sage euch: Ihr solltet mehr das sehen, was darunter ist!"

Der Pastor besteigt mit ernster Miene die Kanzel und beginnt seine Ausführungen mit den Worten: „Liebe Schwestern und Brüder im Herrn, die Predigt fällt heute aus, denn ich habe euch etwas zu sagen!"

Ein Pfarrer hält eine Predigt über die 10 Gebote. Als er zu dem Gebot kommt „Du sollst nicht stehlen", sieht er, wie unten im Kirchenschiff ein Mann zusammenzuckt und voller Unruhe seine Nachbarn mustert. Erst als das Gebot „Du sollst nicht ehebrechen" an der Reihe ist, lächelt der Mann plötzlich und lehnt sich beruhigt zurück in die Kirchenbank. Nach dem Gottesdienst fragt der Geistliche den Mann, was ihn so verstört habe.
„Das kann ich Ihnen erklären, Herr Pfarrer", sagt der Mann. „Als Sie sagten, 'Du sollst nicht stehlen', da merkte ich plötzlich, dass mir mein Regenschirm fehlt. Aber als Sie sagten 'Du sollst nicht ehebrechen', fiel mir ein, wo ich ihn stehen gelassen habe."

Im Rahmen seiner Pfarrerausbildung musste unser Pastor einen Gottesdienst in einer ihm nicht vertrauten Kirche halten. Unbewusst suchte er etwas, um sich festzuhalten und fand einen Bolzen, der in die Kanzel hineinragte. Während des Gottesdienstes spielte er die meiste Zeit damit herum. Zu seiner großen Erleichterung schien die kleine Gemeinde höchst aufmerksam. Nach dem Gottesdienst kam einer der jungen Diakonen auf ihn zu und meinte, er habe sich gut gehalten, angesichts seiner Nervosität.

„Woher wussten Sie, dass ich nervös war?", fragte er. „Nun", antwortete der Diakon, „während der gesamten Predigt drehte sich das an die Kanzel gedübelte Kreuz wie ein Propeller!"

In seiner Predigt bittet ein Pfarrer die Gemeindeglieder, Flüchtlingskinder für einige Zeit bei sich aufzunehmen und zu versorgen. Nach dem Gottesdienst könne man sich dafür in der Sakristei melden. Vor dem Segen will er noch einmal an dieses Anliegen erinnern: „Also noch einmal: Die Frauen, die ein Kind haben wollen, kommen anschließend in die Sakristei, aber bitte erst in fünf Minuten, wenn ich mich ausgezogen habe."

„Am nächsten Sonntag", erklärt der Pfarrer von der Kanzel herunter, „möchte ich über das Lügen predigen. Zur Vorbereitung des Themas bitte ich die Gemeinde, das Kapitel 17 des Markus-Evangeliums zu lesen."
Eine Woche später steht der Pfarrer wieder auf der Kanzel und fragt: „Wer hat das Kapitel Markus 17 gelesen?"
Alle Hände gehen hoch.
„Das Markus-Evangelium hat nur 16 Kapitel", sagt der Pfarrer. „Und jetzt zu meiner Predigt über das Lügen."

Eine Großmutter geht jeden Sonntag in Kirche, nur mit ihrem Gehör ist es nicht mehr weit her. Wie sie nun eines Sonntags mit dem nagelneuen großen Hörrohr ankommt, sieht das der Kirchendiener und sagt: „Das will ich Ihnen sagen, gute Frau, ein Tut, und Sie sind draußen!"

Der neue Kaplan soll am kommenden Sonntag zum ersten Mal predigen. Einige Tage vorher fragt er den Pfarrer: „Haben Sie einen besonderen Wunsch, worüber ich predigen soll?"
„Aber, lieber Herr Kaplan, tun Sie nur ganz nach Ihrem Herzen! Reden Sie, über was Sie wollen, nur nicht – über 20 Minuten!"

Ein schwäbischer Schäfer sitzt mit seinem Hund in der Kirche und hört die Predigt. Da tönt der Pfarrer von der Kanzel: „Ein guter Hirte bleibt immer bei seinen Schafen!"
Sagt der Schäfer zum Hund: „Komm, Hasso, der stänkert schon wieder."

Auf der Kanzel predigt der Domkapitular. Im Chorstuhl stößt ein Mitglied des Domkapitels einen anderen an und flüstert:
„Vorigen Sonntag hat er aber besser gepredigt!"
„Aber da hat er doch überhaupt nicht gepredigt!"
„Eben!"

„Moment mal", sagt der Bräutigam und wird blass, „für wie lange, Herr Pastor?"

Aus einer Traurede: Reich ist sie nicht, das wissen wir. Schön ist sie nicht, das sehen wir. Also ist es die reine Liebe.

———

„Wie soll das Kind heißen?" fragt der Pfarrer bei der Taufe.
„Hans Markus Uwe Karl Otto Fritz", antwortet der Vater.
Der Pfarrer zum Küster: „Mehr Wasser, bitte!"

Hinweis während eines Traugottesdienstes: „Ich bitte die Gemeinde, nach dem Segen zu warten, bis das Brautpaar ausgezogen ist."

„Liebe Gemeinde ich habe eine schlechte und eine gute Nachricht! Die schlechte: Ich bin nicht vorbereitet. Die gute: Aber der Bibeltext ist gut!"

Ein Priester hält eine erbauliche Predigt über Sinn, Zweck und Freude des Ehestandes
„Schön hat er gesprochen", sagt ein Mann zu seinem Freund, als sie zusammen die Kirche verlassen."
„Sehr schön", antwortet der andere, „ich wollte, ich verstünde genauso wenig von der Sache wie er."

Der Pastor setzt sich nach dem Gottesdienst, der wie jeden Sonntag gut verlief, in sein Auto. Nach einigen Minuten sagt seine Frau: „Liebling, Du kannst aufhören zu lächeln, der Gottesdienst ist vorbei."

„Unser Pfarrer ist wie der liebe Gott", sagt ein Gottesdienstbesucher. „Am Sonntag ist er unbegreiflich, und während der Woche ist er unsichtbar."

Predigt der junge Priester: „Und immer wenn ich einen Betrunkenen aus einer Kneipe kommen sehe, sage ich zu ihm: Du bist auf dem falschen Weg, kehre um!"

Heutzutage gehen die Leute nur noch auf die Knie, wenn sie ihre Kontaktlinsen suchen.

„Das nächste Mal sollten Sie nach Ihrer Predigt auf den Zehenspitzen die Kanzeltreppe herunterschleichen", sagt der Pfarrer dem neuen ruhigen Kaplan.

„Wieso denn?", fragt dieser.

„Damit Sie die Leute nicht aufwecken."

Ich habe überhaupt nichts gegen einen Gottesdienst in einer Autokirche. Aber wenn sie Taufen in einer Autowaschanlage abhalten – das geht zu weit.

Ein Pfarrer fragte ein kleines Mädchen, was es von ihrem ersten Gottesdienstbesuch halte. „Die Musik war sehr nett", sagte sie, „aber die Werbesendung war zu lang."

Radio Eriwan und andere Frage-Witze

Frage an Radio Eriwan: „Ist es wahr, dass Adam und Eva die ersten sozialistischen Menschen waren?"
Antwort: „Im Prinzip ja. Sie hatten nichts anzuziehen, konnten nur davon leben, was sie sich selbst organisierten, und eine Wohnung hatten sie auch nicht. Und trotzdem glaubten sie, im Paradies zu leben."

Frage an Radio Eriwan: „Kann man als guter Kommunist auch ein guter Christ sein?"
Antwort: „Im Prinzip ja, aber warum wollen Sie sich das Leben doppelt schwer machen?"

Frage an Radio Eriwan: Was ist der Unterschied zwischen dem Kommunismus und dem Christentum?
Antwort: „Das Christentum hat die Armut gepredigt, der Kommunismus hat sie verwirklicht."

Frage an Radio Eriwan: „Glauben in der Sowjetunion noch viele Erwachsene an den Weihnachtsmann?"
Antwort: „Im Prinzip nein, in der Politik ja."

Frage an Radio Eriwan: „Trifft es zu, dass der Trabant in 'Lutherwagen' umgetauft werden soll?"
Antwort: „Im Prinzip nein, doch wird dies immer wieder vorgeschlagen, denn schon Luther sagte: 'Hier stehe ich, ich kann nicht anders.'"

Frage an Radio Eriwan: „Man hat mir aus dem Westen Anti-babypillen geschickt. Kann ich sie nehmen, ohne dadurch gegen unsere sozialistischen Grundsätze zu verstoßen?"
Antwort: „Im Prinzip nein. Wenn Sie aber mit der Pille gegen den Papst demonstrieren wollen, ist die Einnahme eine gute sozialistische Tat."

Frage an Radio Eriwan: „Trifft es zu, dass beim Besuch des Ministerpräsidenten der UdSSR in Rom zwischen ihm und dem Papst ein Konkordat ausgehandelt wurde?"
Antwort: „Im Prinzip ja, es wird jedoch noch über den ersten Satz dieser Übereinkunft verhandelt. Der Papst besteht darauf, dass er lautet: 'Gott hat den Menschen erschaffen.'
Der Ministerpräsident wünscht die Hinzufügung: 'unter An-leitung der Partei.'"

Frage an Radio Eriwan: „Wissen Sie, wann es die erste Wahl nach sowjetischen Muster gab?"
Antwort: „Das war im Paradies, als Adam seine Frau wählte."

Was war Jesus von Beruf?
Student! Er wohnte mit 30 Jahren noch bei den Eltern, hatte lange Haare und wenn er etwas tat, dann war es ein Wunder.

Warum behaupten die Ostfriesen, sie hätten die Röntgenstrah-len erfunden? – *Weil vor 300 Jahren der Pfarrer von Aurich seine Gemeinde angebrüllt haben soll:„Ich habe euch durch-schaut, ihr Lumpen."*

Wer war der erste Adlige?
*Jesus **von** Nazareth*

Warum dürfen Frauen nicht Priesterinnen werden?
Weil beim letzten Abendmahl keine Frauen dabei waren.
Gegenargument: Es waren beim letzten Abendmahl auch keine
Polen dabei...

Warum hat Gott zuerst den Mann erschaffen?
Er brauchte einen groben Entwurf.

Was ist der Unterschied zwischen einem evangelischen Pastor
und einem katholischen Pfarrer?
Der Pastor kommt abends nach Hause, schaut in der Kühl-
schrank und geht frustriert ins Bett.
Der Priester kommt nach Hause, schaut ins Bett und geht frus-
triert zum Kühlschrank.

Wie betet ein Mädchen zur Jungfrau Maria?
Heilige Jungfrau Maria, du, die du empfangen hast, ohne zu
sündigen, gib, dass ich sündigen kann, ohne zu empfangen.

Wer war der erste Verkehrssünder der Welt?
Jesus mit seinen 12 Anhängern.

Wann ist ein röm-kath. Pfarrer ein echter?
Wenn sein Vater und Großvater auch schon welche waren.

Wie findet ein Priester einen anderen Priester in der Dunkelheit?
Wundervoll!

Was ist es, wenn ein Propst eine Kopfschmerztablette nimmt? – *Hohlraumbehandlung!*

Was erhoffen sich bayerische Pfarrer von der Aufhebung des Zölibats? – *Eine bessere Zukunft für ihre Kinder.*

Was sind 1000 Blondinen, die vor der Himmelstür stehen?
Eine göttliche Rückrufaktion.

Warum gehen Bischöfe so ungern ins Schwimmbad?
Eine falsche Bewegung und alles ist Weihwasser...

Wer war der erste Mensch? – *Der Sachse Krause, denn 'Gott schaute mit Grausen in die Tiefe.'*

Wer war der erste Kellner?
Der Heilige Geist, denn 'Er nahte mit Brausen.'

Wer war der erste Kutscher?
Leid, denn 'Leid wird dir nie wieder fahren.'

Wann fand das erste Fußballspiel statt?
Bei Noah: 'Geh du in Kasten, ich mach Sturm.'

Welches Instrument spielt Gott?
Tuba! Es heißt doch: Vater unser, der TUBIST im Himmel...

Welcher Staat der Erde hat die niedrigste Kindersterblichkeit?
Der Vatikan!

Welcher Heilige ist der Einzige, der mit seiner Haushälterin
abgebildet wird? – *Der heilige Georg mit dem Drachen.*

Warum spricht man Bienen das Christsein ab?
Weil sie In - Sekten sind!!!

Wusstest du, dass die Bundeswehr schon in der Bibel erwähnt
wird?
*„...und sie hüllten sich in seltsame Gewänder und irrten ziellos
umher..."*

Welcher Unterschied besteht zwischen der römischen und der
holländischen Kirche?
*In der römischen Kirche wandelt sich nichts – außer Brot und
Wein. In der holländischen Kirche wandelt sich alles –
außer Brot und Wein.*

Warum sagt man, dass Ehen im Himmel geschlossen werden? – *Weil viele Ehemänner drei Tage nach der Hochzeit wie aus allen Wolken fallen.*

Was gibt es, wenn eine Nonne einen Amerikaner mit ins Bett nimmt?
Krümel...

Sollten Priester heiraten dürfen? *Wenn sie sich lieben, schon!*
Wer war der erste Mensch?
Kein Beamter, denn das sind die letzten Menschen.

Wie nennt man Eheleben ohne Pille?
Vatikanisches Roulette.

Wieso hat Adam (der erste Mensch) 900 Jahre gelebt?
Er hatte keine Schwiegermutter!

Woran merkst du, dass du auf einem Kirchentag bist?
In drei Tagen triffst du 30.000 Frauen, und keine gefällt dir...

Wie nennt man die Fußballschuhe von Jesus?
Christstollen.

Welches ist das liebste Gesangbuchlied der Mercedes-Fahrer?
„Stern, auf den ich schaue ...“

Was rief der liebe Gott nach dem er das Ruhrgebiet erschaffen hatte?
Essen ist fertig!

Hast Du von dem Polen gehört, der gefragt wurde, ob er ein Zeuge Jehova's sein wolle?
Er antwortete, er könne es nicht werden, weil er den Unfall nicht gesehen hätte.

Warum kann das Schiff der Kirche nicht untergehen?
Weil es von so vielen Nieten zusammengehalten wird.

Weshalb haben Kirchen meistens kein eigenes WC?
Es wäre ja noch schöner, wenn die Kirche extra einen Raum denen zur Verfügung stellen, die austreten wollen.

Und wer bildete die erste Fußballmannschaft?
Jesus stand im Tor von Jericho und seine Jünger standen Abseits.

Warum küsst der Papst nach jedem Flug die Erde?
Kann auch nur jemand wissen, der schon mal mit AlItalia geflogen ist...

Wie nennt man einen Lüneburger, der aus der Kirche ausgetreten ist?
Lüneburger Heide.

Wer war der erste Rechtspraktikant?
Jakob, denn er diente vierzehn Jahre um geringen Lohn.

Wer war der erste Leutnant?
Josua, denn er trug ein buntes Kleid und bildete sich viel darauf ein.

In welcher Tonart haben die Posaunen von Jericho geblasen?
In d-Moll. Weil sie die Mauern von Jericho d-Moll-iert haben.

Wer hatte den größten Hintern in der Bibel?
Josef, denn der Pharao setze ihn über ganz Ägypten

Was ist ein Prälat?
Der auf die Spitze getriebene Versuch Gottes, die Dehnbarkeit der menschlichen Haut zu testen.

Wer war der größte Koch im Alten Testament?
*Josua. Im Buch der Richter steht über ihn geschrieben:
Er dämpfte die Amalekiter.*

Haben Sie von dem Mann gehört, der so fest an die Wiedergeburt glaubte, dass er ein Testament hinterließ, in dem er sich selbst als Alleinerben einsetzte?

Wie lautet die Telefonnummer von Gott?
50 15, denn in Psalm 50,15 steht: „Rufe mich an in der Not..."

Ein Student wurde gefragt, die 10 Gebote in beliebiger Reihen-
folge zu nennen. Seine Antwort?
3, 6, 1, 8, 4, 5, 9, 2, 10, 7.

Wer war der erste Wagnerianer?
Jakob, denn er hörte eine Musik und verstand sie nicht.

Warum wurde Christus nicht in den USA geboren?
Sie konnten keine drei weisen Männer finden.

Aus einer Berliner Kirche wird berichtet, dass über dem Altar an die Wand geschrieben steht: Denn sie wissen nicht, was sie tun. Bei Trauungen deckt der Mesner die Aufschrift mit Blumen zu.

Ein Pfarrer fährt nach Berlin und besichtigte dort das Gehirnforschungszentrum. Er kommt in einen Raum, wo verschiedene Gehirne in Glasbehältern ausgestellt sind. Er schaut sich um und entdeckte einen Behälter mit der Aufschrift: 'Gehirn eines Pfarrers'. Sieht eigentlich ganz normal aus, denkt er und fragt einen vorbeilaufenden Arzt: „Sagen Sie mal, was ist denn so ein Pfarrergehirn wert?"
„1.000 Euro."
„Nicht schlecht", denkt der Pfarrer. Doch dann sieht er daneben einen weiteren Behälter: 'Gehirn eines Konfirmanden'.
„Und wie viel ist dieses Gehirn wert?"
„100.00 Euro."
„Was?" Der Pfarrer schüttelt den Kopf: „Das Gehirn eines Konfirmanden soll mehr wert sein als mein eigenes?"
„Ist doch klar", sagt der Arzt, „das Gehirn eines Konfirmanden wurde ja auch noch nie benutzt."

Ein Vikar hatte seine Prüfungspredigt zu halten. Das Ergebnis war nicht sehr überzeugend. Der Dekan wollte nicht zu hart zu dem jungen Kollegen sein und fragte vorsichtig: „Wann beginnen Sie eigentlich ihre Predigtvorbereitung?"
Der Vikar antwortete: „Freitags, manchmal auch erst am Samstag."

Freundlich lächelnd sagte der Dekan: „Sehen Sie, ich lese den Bibeltext am Montag, mache am Mittwoch den Entwurf und formuliere die Predigt dann am Freitag aus."
Darauf der Vikar: „Na ja, unsere Begabungen sind eben auch ganz verschieden."

Der Kirchenchor eines schwäbischen Dorfes suchte einen neuen Dirigenten. Ein Bewerber stellte sich vor und gab eine Kostprobe seines Könnens. Doch bei seinen hektischen Bewegungen hatten die Sängerinnen und Sänger Mühe, den Takt zu halten. Nachher wurde das älteste Chormitglied gefragt: „Nun, wie findest du den Bewerber?"
Er antwortete: „Das ist ein richtig biblischer Dirigent. Seine linke Hand weiß nicht, was die rechte tut ..."

Ein Bauer kommt zum Pfarrer, um seinen Sohn zum Konfirmandenunterricht anzumelden. Der Pfarrer notiert sich alles genau. Zum Schluss fragt er noch, warum er so viel wert darauf legt, dass sein Sohn kirchlich unterrichtet wird. Antwort des Bauern: „Mein Sohn soll es auch nicht besser haben als ich."

Sir Moses Montefiore, ein berühmter englisch-jüdischer Philanthrop, wird bei einem Bankett neben einen antisemitisch-christlichen Adligen gesetzt.
„Ich komme gerade von einer Japanreise zurück und musste zu meinem Erstaunen feststellen, dass es dort weder Juden noch Schweine gibt!"
„Wenn das so ist", entgegnet ihm Montefiore, „dann sollten wir uns beide in Japan niederlassen, damit es dort wenigstens je ein Exemplar von diesen zwei Spezies gibt!"

In einem schwäbischen Dorf gab es einen Pfarrer, der hielt sich für einen begnadeten Sänger. An einem Sonntag konnte er sich mehr zurückhalten und überraschte die Gemeinde mit einem Gesangssolo. Während er seine Stimme erschallen ließ, sah er, wie einer alten Frau die Tränen über die Wangen liefen. Nach dem Gottesdienst nahm er die Frau beiseite und sagte: „Es freut mich, dass mein Gesang Sie so bewegt hat. Möchten Sie mir anvertrauen, was Sie auf dem Herzen haben?"

„Wissen Sie", sagte die Frau, „letzte Woche ist mein alter Ziegenbock gestorben. Und als Sie vorhin gesungen haben – da musste ich daran denken, wie schön das arme Tier immer gemeckert hat!"

„Frank hat mir einen Heiratsantrag gemacht!"
Die Mutter: „Gefällt er dir?"
„Eigentlich schon, aber er ist Atheist und glaubt nicht an die Hölle!"
Die Mutter: „Keine Angst, nachdem Ihr verheiratet seid, wird er schon dran glauben!"

Nach elf Jahren bekommt der Pastor und seine Frau doch noch Nachwuchs. Sie lassen am nächsten Tag eine Anzeige in die Zeitung setzen:
„Wir freuen uns über die Geburt unseres Sohnes und danken dem Herrn, der über uns wohnt."

Ein Pfarrer macht Besuche bei Neuzugezogenen. Er klingelt. Aus der Sprechanlage fragt eine Männerstimme: „Bist du es, mein Engel?"
Der Pfarrer: „Nein, aber ich komme von der gleichen Firma."

Der Kantor prahlt vor seiner Gemeinde: „Vor einem Jahr habe ich meine Stimme für 500.000 Euro versichern lassen!"
Erklingt eine Stimme aus den hinteren Reihen: „Und was haben Sie mit dem Geld gemacht?"

Drei Pastoren haben das gleiche Problem: Fledermäuse im Kirchturm. Sie unterhalten sich über Lösungsmöglichkeiten. Sagt der Erste: „Ich habe schon alles probiert. Erst kürzlich habe ich die Viecher alle eingesackt, bin 100 km weit weg gefahren und habe sie freigelassen. Als ich wieder ankam, waren die schon alle wieder da!"
Meint der zweite Pastor: „Geht mir genauso. Zuletzt habe ich versucht, die Biester auszuräuchern, vergebens. Mir ist der Kirchturm fast abgefackelt, aber die Fledermäuse sind immer noch da."
Grinst der dritte Pastor: „Ich weiß gar nicht, was ihr habt. Das ist doch ganz einfach. Ich habe das gemacht wie immer. Erst habe ich die Viecher getauft, danach konfirmiert, danach kamen nie wieder!"

Als der Pastor früh morgens durch den Ort geht, kommt ihm ein Mann in Schlangenlinien entgegen. Der Pastor versucht erst, rechts vorbeizusteuern, dann links, dann sind beide schon zusammengestoßen.
„Am frühen Morgen schon so betrunken", wundert sich der Pastor.
„Ja, ja", sagt der Mann, „ich auch."

Der Pfarrer betroffen: „Mein Sohn, ich fürchte, wir werden uns nie im Himmel begegnen..."
„Nanu, Herr Pfarrer, was haben Sie denn ausgefressen?"

Im Pfarrhaus sind von den Bauern viel zu viele Kartoffeln abgegeben worden und füllen schon den ganzen Keller. Da reicht es der Pfarrfrau und sie bestürmt ihren Mann: Jetzt müssen die Kartoffeln weg. Entweder es kommt eine Sau her – oder ein Vikar!

Ein Pfarrer kauft sich einen Papagei. „Sagt er bestimmt nichts Unanständiges?"

„Aber ganz bestimmt nicht!" beteuert der Besitzer. „Er ist ein frommes Tier. Sehen Sie die Schnurr an seinem Bein? Wenn Sie an der Schnurr ziehen, sagt er das Vater Unser auf, und wenn Sie an der Schnurr ziehen, die an dem anderen Bein befestigt ist, sagt er den 23.Psalm auf."

„Wunderbar!", sagt der Pfarrer, „Und was geschieht, wenn ich an beiden Schnüren ziehe?"

Krächzt der Papagei: „Dann falle ich auf den Arsch, du dummer Scheißer!"

Bei den Oberammergauer Festspielen ist der Jesus-Darsteller erkrankt, und vergeblich sucht man nach einem Ersatz. Schließlich findet man unter den amerikanischen Touristen einen Mann mit einem Vollbart, und man trägt ihm die Rolle an. Da er kein Deutsch spricht, vereinbart man mit ihm, dass er nur einen Satz sagen solle, wenn er ans Kreuz genagelt werde. Dieser Satz sei leicht zu merken. Als die Golgatha-Szene kommt und Jesus ans Kreuz geschlagen ist, spricht der Sterbende (mit amerikanischem Akzent) die Worte: „Es ist prachtvoll."

Soldat: „Ich bitte um einen Tag Urlaub, Herr Hauptmann."
Hauptmann: „Wozu?"

Soldat: „Wegen der Immatrikulation."
Hauptmann: „Immer diese katholischen Feiertage!"

Kunde im Buchladen: „Ich möchte ein Buch, das sittlich, mora-
lisch und friedlich ist. Was können Sie mir empfehlen?"
„Den Fahrplan der Bundesbahn!"

Am See Genezareth will ein Tourist mit dem Boot übergesetzt
werden. Der Fährmann verlangt von ihm 80 Dollar.
„Das ist ja Wucher", empört sich der Tourist.
„Ja, aber das ist ein besonderer See", erklärt der Schiffer. „Über
diesen ging einst Jesus zu Fuß."
Sagt der Tourist: „Kein Wunder bei diesen Preisen."

„Seit zweitausend Jahren gibt es das Christentum", sagt der
Nörgler. „Ich sehe nicht, dass es die Menschen besser gemacht
hat."
„Seit zwei Milliarden Jahren gibt es Wasser", antwortete der
Pfarrer. „Und nun schauen Sie sich mal Ihren Hals an!"

Sagt ein katholischer Pfarrer zu seinem Kollegen: „Meinst, du,
wir erleben es noch, dass der Zölibat abgeschafft wird?" Schüttelt der andere seinen Kopf und sagt: „Wir vielleicht nicht, aber
unsere Kinder."

Und dann war da noch der Vorschlag des Küsters, man solle das
Abendmahl mit Lambrusco (verursacht oft Kopfschmerzen)
feiern. Begründung: billig und die Gemeinde erinnert sich noch
drei Tage später daran.

Ein alter Weihnachtsmann steht betrunken an der Theke und beklagt sich über die Ungerechtigkeit des Lebens. „Nehmen Sie einmal mich", sagt er zu dem Wirt. „Sie gibt es gleich zweimal – und mich gibt's überhaupt nicht!"

Die Pille für katholische Frauen:
2 Tonnen schwer und man kann sie vor die Schlafzimmertür rollen...

Der Pfarrer sitzt im Flugzeug. Als die Stewardess die Getränke serviert, erkundigt er sich freundlich: „Wie hoch fliegen wir jetzt eigentlich?"
„So zehntausend Meter."
„Dann geben Sie mir bitte statt des Cognacs lieber einen Orangensaft. Der Chef ist nämlich in der Nähe."

Es stand an der Kathedrale: „Der Dompropst heißt alle Touristen herzlich willkommen. Er möchte aber darauf hinweisen, dass in der Kirche keine Gelegenheit zum Schwimmen gegeben ist. Daher ist es völlig unnötig, die Kathedrale in Strandkleidung zu betreten."

Der Pastor fragt einen seiner Laienprediger, worüber er am Sonntag zu predigen gedenke.
„Über die Tugend der Sparsamkeit."
„Sehr schön, sehr schön. Aber die Kollekte sollten wir dann lieber vorher einsammeln."

„Es freut mich, dass Sie gestern mal wieder im Gottesdienst waren", sagt der Pfarrer zum größten Säufer der Gemeinde. „Herrjesses", sagt der, „da bin ich also gelandet."

Zwei Ostfriesen spazieren über den Deich. Sie treffen auf einen Priester, der seinen linken Arm in Gips hat. „Wie ist das passiert?", fragt der eine den Priester. „Ich bin in der Badewanne ausgerutscht und brach mir den Arm." Die beiden spazieren weiter. Plötzlich fragt der eine den anderen: „He, was ist überhaupt eine Badewanne?"
„Wie soll ich das wissen", entgegnet der andere, „ich bin doch nicht katholisch!"

„Sie glauben also an nichts?", fragt der Geistliche den Atheisten.
„Ich glaube nur, was ich verstehe."
Da lächelt der Geistliche: „Na, das ist doch wohl dasselbe."

Ein Atheist geht ins Museum. Er sieht sich die Bilder an – und bleibt schließlich vor einem Rubens ‘Die Heilige Familie auf der Flucht' stehen. Er betrachtet lange das Bild. Endlich wendet er sich zu seinem Begleiter: „So sind die Christen! Seit Jahrhunderten erzählen sie den Leuten, Maria und Josef seien so arm gewesen, dass Maria noch nicht einmal ins Wochenbett konnte, sondern ihr Kind in einem Stall hat zur Welt bringen müssen. Aber um sich von Rubens malen zu lassen – dafür hatten sie Geld genug!"

Der neue Pastor hält sehr viel von sich und seiner Predigt. Im Augenblick hat er einen Disput mit dem Metzger. „Hören Sie, gestern war meine Haushälterin bei Ihnen und hat Fleisch gekauft", sagt er. „Sie haben ihr aber gar kein schönes Stück geben. Das ist jetzt schon das vierte oder fünfte Mal passiert! Wenn wir wirklich ein gutes Stück Fleisch haben wollen, dann müssen wir ins nächste Dorf gehen."

„Sehen Sie", strahlt der Metzger und klopft dem Pastor vertraulich auf die Schulter, „dann geht's Ihnen genauso wie mir. Wenn ich eine gute Predigt hören will, muss wir gleichfalls ins Nachbardorf gehen!"

Ein kinderloses Ehepaar wünscht sich sehnlichst Nachwuchs und fragt den Pfarrer um Rat. Der empfiehlt eine Pilgerfahrt nach Lourdes. Das Paar befolgt den Rat und stiftet in der Grotte eine Kerze. Die Jahre vergehen und eines Tages klopft der Pfarrer an die Tür. Ein kleines Mädchen öffnet.
„Ist deine Mama zu Hause?" fragt der Pfarrer.
„Nein, die liegt im Spital und kriegt ihr sechstes Baby."
„Und wo ist dein Papa?"
„Der ist in Frankreich, um dort Kerzen auszublasen."

Der Arzt ist nach der Untersuchung mit seinem Patienten sehr zufrieden, und meint: „Und, mit dem Sex klappt es doch sicher auch gut." Antwortet der Patient: „Na, so dreimal in der Woche geht es schon..."
Arzt: „Was? Bei Ihrer Konstitution müsste es aber dreimal am Tag gehen."
Patient: „Ich tu' ja mein bestes, aber als katholischer Priester auf dem Land ist das nicht so einfach."

Ein Mann sagt zum Pfarrer: „Ich war manchmal zornig und manchmal sanft wie ein Lamm. Das gleicht sich aus! Ich habe viel geflucht, aber auch gebetet. Das gleicht sich aus. Ich habe Leute um Geld betrogen, aber auch Geld gespendet. Das gleicht sich aus." Antwort des Pfarrers: „Gott hat Sie geschaffen und der Teufel wird Sie holen. Das gleicht sich aus!"

Aufruf in Gemeindeblatt: „Als sie das Licht der Welt erblickten, brachte Ihre Mutter Sie her. Als Sie den Bund der Ehe schlossen, Ihre Frau. Wenn Sie tot sind, werden Ihre Freunde Sie herbringen. Warum nicht ab und zu auch mal von allein vorbeikommen?"

Ein Mann betritt eine Buchhandlung. Er sucht, bis sich eine Verkäuferin seiner erbarmt. „Kann ich Ihnen helfen? Was suchen Sie, bitte?"
„Ich möchte Lektüre für einen Kranken."
„Etwas Religiöses?", fragt die Verkäuferin.
„Nein, nein, es geht ihm schon besser."

„Es ist sicher eine große Gnade für Sie", sagte ein berühmter Kanzelredner zum Mesner der Universitätskirche, „dass Sie so viele bedeutende Theologen predigen hören können."
„Der Herr hat mir eine noch größere Gnade erwiesen", antwortete dieser darauf, „ich kann nämlich trotzdem noch an ihn glauben."

Ein Einbrecher bricht nachts in ein Pfarrhaus ein und hört eine Stimme aus einer Ecke kommend: „Ich sehe dich und Jesus sieht dich auch."

Der Einbrecher leuchtet herum, sieht aber nichts. Denkt sich das war eine Täuschung und sucht weiter. Wieder hört er: „Ich sehe dich und Jesus sieht dich auch."

Aufgeschreckt leuchtet er wieder herum und sieht in einer Ecke einen Papagei auf einer Stange sitzen: „Ich sehe dich und Jesus sieht dich auch."

Der Einbrecher zum Papagei: „Ach so..., Du bist nur ein Papagei. Wie heißt du denn?"

„Matthäus."

„Das ist aber ein komischer Name für einen Papageien."

„Das stimmt, aber 'Jesus' ist noch komischer für einen Rottweiler!"

Der neue Pfarrer hat gerade sein neues Büro bezogen. Plötzlich klopft es an der Tür. Denkt sich der Pfarrer: „Na, ich werde mir gleich Respekt verschaffen!"

Er nimmt den Telefonhörer in die Hand und ruft: „Herein!"

Es ist der Messner. Der neue Pfarrer spricht in sein Telefon: „Jawohl, Herr Kardinal. Genauso werde ich es machen. Und nochmals vielen Dank für die Gratulation, schönen Gruß noch an meinen Freund, ihren Sekretär."

Danach legt er auf, begrüßt den Messner und fragt ihn: „Was wollen Sie von mir?"

„Ich muss noch ihr Telefon anschließen, Herr Pfarrer."

Wie in der Methodistenkirche üblich, wird der Pastor versetzt. Zum Abschied tröstet er seine Gemeinde: „Ihr werdet einen viel besseren Pastor bekommen, als ich es war."

„Sag' das nicht. Dein Vorgänger hat das auch schon versprochen."

Während des zweiten Vatikanischen Konzils suchen zwei Priester dringend eine Haushälterin, oder doch wenigstens eine Putzfrau. Aber Personal ist heutzutage eben nicht mehr zu bekommen. Auch Stellenanzeigen in der Zeitung sind erfolglos. Plötzlich hat der eine Pfarrer doch eine Haushälterin gefunden, und der andere fragt ihn: „Wie hast du das nur fertig gebracht?" „Eigentlich ganz einfach. Ich habe meinem Inserat den Satz zugefügt: Je nach Ausgang des Konzils Einheirat geboten!"

Im Bus klagen drei Frauen über den Rückgang des Kirchenbesuchs. In unsere Gemeinde, sagt die eine, sitzen manchmal nur 30 Leute.
Sagt die zweite: Das ist doch gar nichts. Wir sind oft nur zu fünft.
Sagt die Dritte: Bei uns ist es noch schlimmer. Immer wenn der Pastor sagt „Geliebte Gemeinde!", werde ich ganz rot.

Auf der Dorfstraße versucht ein junger Mann, sein Motorrad zu starten. Der Pfarrer schaut ihm zu. Der junge Mann flucht: „Himmelherrgottsakrament!"
Sagt der Pfarrer: „Junger Mann, bekanntlich steht geschrieben: Du sollst nicht fluchen! Versuchen Sie es doch einmal mit einer Bitte. Sprechen Sie ganz einfach vor sich hin: Lieber Gott, hilf mir!"
Skeptisch blickt der junge Mann ihn an, dann grinst er und sagt achselzuckend: „Also gut: Lieber Gott, hilf mir!" Kaum hat er's ausgesprochen, springt der Motor an. Der junge Mann schwingt sich auf und braust davon. Verblüfft blickt ihm der Pfarrer hinterher und sagt dann zu sich selbst: „Himmelherrgottsakrament!"

Ein an Jesus Christus glaubender Koreaner kommt nach Deutschland. Nach einigen Wochen in Bayern fährt er nach Hannover und erlebt die norddeutsche Tiefebene. Sein erster Eindruck: „Hier muss ein sehr frommes Volk leben. Alle Berge sind versetzt."

Die Emmentaler sind bekannt dafür, dass sie Feste richtig feiern können, besonders Hochzeiten. So kam es, dass ein Pfarrer und sein Mesner auf einer Hochzeit zu viel vom guten Wein angeboten bekamen und nach der Feier im Straßengraben landeten. Nach einiger Zeit lallt der Mesner: „Hochwürden, glauben Sie an die Auferstehung?"
„Für die nächsten drei Stunden nicht", tönt es zurück.

„Warum kommen Sie denn in letzter Zeit so selten in die Kirche?", fragt der Pfarrer einen Familienvater. „Ja, wissen Sie", antwortet der Mann, „meine Tochter hat seit kurzem Harfenunterricht. Seither bin ich mir nicht mehr so sicher, ob es gut ist, in den Himmel zu kommen."

„Herr Pfarrer, ich glaube in der Bibel steht, dass es falsch ist, von anderer Leute Unglück zu profitieren."
„Ja, das ist in der Tat korrekt."
„In diesem Fall, wie wär's Sie würden mir die 20 Dollar zurückgeben, die ich letztes Jahr für unsere Hochzeit bezahlt habe!"

In Kalifornien haben sie einen neuen Service. Ein Seelsorgetelefon für Atheisten. Wenn man anruft, meldet sich niemand.

Ein junges Mädchen lässt ihr Kind auf den Namen „Kolibri" taufen. Der Pfarrer fragt: „Wieso 'Kolibri'?"
„Weil ich nicht weiß, ob es der Kohlenmann, der Lichtmann oder der Briefträger war."

Der Pastor war bekannt wegen seiner Angewohnheit, alle Menschen zu duzen, ganz gleich ob arm oder reich, ob hoch oder niedrig. Weil die Leute ihn so kannten, nahmen sie es ihm auch nicht übel. Eines Tages kam aber eine Dame aus einer Stadtgesellschaft und er empfing sie wie gewöhnlich: „Tach, Mädchen, was möchste denn? Setz dich doch auf einen Stuhl!"
Entrüstet kam die Antwort: „Was fällt Ihnen denn ein! Wissen Sie denn nicht, wer ich bin? Ich bin Frau Geheimrat Schönebeck!"
In aller Ruhe antwortete er: „Das ist mir auch egal. Dann setz dich eben auf zwei Stühle!"

Tinas Mann ist sehr krank. Der Pfarrer besucht ihn. Nach einer Weile kommt er aus dem Krankenzimmer und sagt mit ernster Miene zu Tina: „Ihr Mann gefällt mir gar nicht." Sagt Tine: „Ja, mir eigentlich auch nicht, aber er ist so gut zu unseren Kindern."

Der Pfarrer besucht ein Gemeindeglied, einen alten Schuster. Man spricht über Gott und die Welt, und schließlich auch über den Sohn des Schusters. Der Pfarrer erkundigt sich, was der Sohn denn mal werden wolle. Darauf die Antwort des Schuhmachers: „Wissen Sie, Herr Pfarrer, zur Schusterei ist er mir zu dumm. Ich werde ihn Theologie studieren lassen."

Mit dem neuen Pfarrer ist die Gemeinde sehr zufrieden. Allerdings ist er immer sehr schlecht rasiert. Man tuschelt hinter der Hand, aber niemand hat den Mut, ihn darauf anzusprechen. Eines Tages überwindet die Gemeindehelferin ihre Angst und versucht es indirekt: „Sagen Sie mal, Herr Pfarrer, wie oft muss man sich eigentlich rasieren?"

Verblüfft schaut der Pfarrer die Frau an: „Na, bei Ihrem spärlichen Bartwuchs genügt es alle vier Tage!"

Ein junger Mann sagt auf einer Abendgesellschaft zu einem Geistlichen: „Wissen Sie, ich habe für den ganzen faulen Zauber, der in den Kirchen veranstaltet wird, nicht viel übrig. Ich glaube nur das, was ich mit meinem Verstand begreifen kann."

Erwidert der Geistliche: „Mit anderen Worten, sie glauben also an gar nichts."

„Mich stört es nicht, wenn jemand während meiner Predigt auf die Uhr schaut", sagt der Pfarrer. „Schlimm ist nur, wenn einer sie schüttelt, um zu sehen, ob sie stehen geblieben ist."

„Ihr Mann hat noch immer nicht die Gebühr für Ihre Trauung bezahlt, Frau Schneider. Sie werfen doch meine Mahnbriefe nicht immer sofort in den Ofen?"

„Aber, wo denken Sie hin, Herr Pfarrer! Mein Mann ist doch Briefmarkensammler!"

Der Pfarrer trifft den Kunkel und stellt ihn zur Rede: „Kunkel, ich höre nichts Gutes von Dir. Du sollst sogar drei Frauen haben in verschiedenen Orten! Wie kann man nur so etwas machen!"

„Aber, Herr Pfarrer, ich habe doch ein Moped."

Die Haushälterin hat schon lange ein strenges Regiment über ihren Pfarrherrn und seine Gemeinde geführt. Als der Pfarrer schließlich stirbt, lässt sie folgende Anzeige im Lokalblatt drucken: Suche jungen Kaplan, damit ich meine Pfarrei weiterführen kann.

Drei Gemeindeamtsleiter unterhalten sich, wer denn wohl den liberalsten Pastor in der Gemeinde hat.

Munter prahlt der erste drauflos: „Unser Pastor bietet Tanzkurse um den Altar an!"

Der zweite: „Das ist doch gar nichts! Unser isst am Karfreitag vor der ganzen Gemeinde ein Steak!"

Darauf meint der dritte nur: „Vergesst alles! Unser Pastor hängt an Weihnachten ein Schild an die Kirchentür: Wegen der Feiertage geschlossen!"

„**W**enn ihr die Leute weiter so behandelt, braucht ihr euch nicht zu wundern, wenn immer weniger in die Kirche gehen", sagt ein Mann zu seinem Pfarrer. „Wieso?" fragt der bestürzt. „Als ich zum ersten Mal in die Kirche gebracht wurde, hat man mir Wasser ins Gesicht gespritzt. Das zweite Mal, bei meiner Firmung, hat man mir eine Ohrfeige gegeben. Und beim dritten Mal hat man mir eine Frau angedreht.Bald hab' ich's satt."

„Tut mir leid", sagt der Pfarrer, „aber beim letzten Mal werde ich noch mit Erde nach Ihnen schmeißen!"

„Hast du Gips in den Zucker gemischt?" fragt der Ladenbesitzer Mac Essig den Lehrling.

„Ja."

„Wasser in die Marmelade gerührt?"

„Ja."

„Den Whisky mit Spiritus verlängert?"

„Jawohl."

„Dann sperr' die Ladentür zu und komm' mit zur Abendandacht!"

Richter: „Nicht nur, dass Sie gestohlen haben – Sie haben auch noch aus Kästen und Schubladen alles herausgeholt und umhergestreut!"

Angeklagter: „Ja, ja, Herr Richter, ich dachte an das Wort des Apostels Paulus: Prüfet alles, und das Beste behaltet."

Zwei Bibelfeste saßen sich nach durchwachter Nacht in der Eisenbahn gegenüber. Der eine gähnte.

Darauf der andere: „Tobias 6, Vers 3" (wo steht: „O Herr, er will mich fressen!")

Schlagfertig darauf der erste: „Apostelgeschichte 10, Vers 14" („O nein, Herr, denn ich habe noch nie etwas Gemeines oder Unreines gegessen").

Madame de Gaulle bittet ihren Mann, zu Weihnachten doch auch der Kirche von Colombier etwas Besonderes zu stiften. Und so spendet der General eine Kerze mit der Aufschrift: „Le grand Charles au petit Jesus".

Ein katholischer Pfarrer rast auf der Landstraße dahin und wird prompt von einer Polizeistreife angehalten. Der Polizist riecht Alkohol und sieht eine leere Weinflasche auf dem Wagenboden liegen. „Sagen Sie, haben Sie etwas getrunken?" Pfarrer: „Nur Wasser!"
Polizist: „Und warum kann ich dann Wein riechen?"
Der Pfarrer schaut auf die leere Flasche und sagt: „Mein Gott, Er hat es schon wieder getan!"

In einem Eisenwarenladen steht ein großes Kreuz mit Jesus. Darunter steht „Bolles Nägel sind Qualität". Kommt ein Pastor vorbei, sieht das und sagt zum Inhaber: „So geht das nicht, das musst du umändern."
14 Tage später kommt der Pastor vorbei und sieht ein leeres Kreuz und Jesus liegt am Boden. Daneben ein Schild: „Mit Bolles Nägeln wäre das nicht passiert".

In religiöser Hinsicht unterscheiden sich Hunde und Katzen sehr. Ein Hund denkt: Die Menschen, mit denen ich lebe, sind ständig besorgt um mich. Sie füttern mich, sie pflegen mich, sie streicheln mich, sie lieben mich. Sie müssen Götter sein! – Eine Katze denkt: Die Menschen, mit denen ich lebe, sind ständig besorgt um mich. Sie füttern mich, sie pflegen mich, sie streicheln mich, sie lieben mich. Ich muss Gott sein!

Unteroffizier Puhlke schreit die Rekruten an: „Bollmann, Sie hocken ja wieder auf Ihrem Gaul wie die Iphigenie auf Tauris!"
Der Wachtmeister hört es und rügt ihn: „Is ja jut, Unteroffizier Puhlke, det Sie inne Bibel so Bescheid wissen, aber Jottes Wort jehört nich uff'n Kasern'nhof!"

Drei anglikanische Theologen sprechen über die göttliche Vorsehung. Der erste erklärt entschieden: „Es gibt nur eine allgemeine Vorhersehung, keine spezielle, die den Lebensgang des Einzelnen bestimmt."
Der zweite bekannte: „Ich glaube an eine spezielle Vorhersehung."
Der dritte: „Ich auch, aber nicht bei meiner Tante!"

Auf der Fähre über einen Fluss in Italien stand ein Priester, der einen kleinen Esel an der Hand führte. Ein amerikanischer Tourist fragte ihn: „Warum zittert denn der Esel so?"
„Ach, das ist ganz natürlich. Was würden Sie denn tun, wenn Sie einen Strick um den Hals hätten und neben Ihnen ein Geistlicher stünde?"

Ein Pfarrer besucht seinen Kollegen im Pfarrhaus.
„Wollen Sie nicht mit mir zum Pfarrkonvent gehen?"
„Nein, ich bin gerade dabei, ein aufregendes Buch zu lesen. Das möchte ich nicht weglegen. Ich will unbedingt wissen, wie es ausgeht."
„Na, gut. Was ist das denn für ein Buch?"
„Das Neue Testament."

Eine Frau läuft auf dem Bürgersteig, als sie plötzlich eine Stimme hört: „Bleib stehen!"
Sie bleibt abrupt stehen und eine Tonne Backsteine fallen auf die Stelle, wo sie gestanden hätte, wenn sie weitergelaufen wäre. Sie denkt, sie hat nur geträumt und geht weiter. Plötzlich ertönt die Stimme wieder: „Bleib stehen!"
Sie bleibt wie angewurzelt stehen, ein Auto kracht fünf Meter weiter gegen die Straßenlaterne.

Da ertönt wieder die Stimme: „Ich bin Dein Schutzengel und werde dich immer warnen, bevor dir etwas Schlechtes passiert. Hast du irgendeine Frage an mich?"

„Ja, wo warst du an meinem Hochzeitstag?"

In den Hildesheimer Nachrichten: „Pfarrer Schwalke dankt allen, die bei der Caritas-Sammlung gegeben, vielleicht sogar geopfert haben. Denjenigen, die böswillig nichts gegeben haben, wünscht er einen Kopf voll Läuse und Arme so kurz, dass sie nicht kratzen können."

„Zu welcher Kirche gehören Sie?"

„Zu keiner."

„Na gut, dann frage ich eben andersherum: Zu welcher Kirche gehen Sie, wenn Sie in die Kirche gehen?"

„Wenn Sie es unbedingt wissen müssen: die Kirche, von der ich liebsten wegbleibe, wenn ich nicht in die Kirche gehe, ist die Baptistische."

„Wie lange schlafen Sie für gewöhnlich an einem Sonntagmorgen?"

„Das hängt davon ab."

„Wovon hängt das ab?"

„Von der Länge der Predigt."

Plakette in einer Kirche: „Dieser Lautsprecher wurde gestiftet von einem Glied der Gemeinde in Erinnerung an seine Frau."

Seelsorge und Beichte

Bauer Hansen hat's böse erwischt. Der Pfarrer besucht ihn am Krankenbett und, um ihn aufzuheitern, bringt einen Band von Wilhelm Buschs Werken mit. Er wird wieder gesund, geht dann auch zum Pfarrer zwecks Bedanken für den Besuch, und das Buch muss ja auch zurück. Der Pfarrer fragt, ob ihm das Buch denn gefallen habe. „Ja, schon", sagt Bauer Hansen, „aber wissen Sie, Herr Pfarrer: hätt' ich nicht gewusst, dass es was Biblisches ist: ich hätt' doch manchmal herzhaft lachen müssen."

Ein Ehepaar geht zu einem Psychologen und bittet ihn, sie bei der Berufswahl ihres Sohnes zu beraten. Der Psychologe unternimmt folgenden Test: Auf einen Tisch legt er einen Geldschein, ein Buch und dazu stellt er eine Flasche Wein. Der Sohn soll wählen. Der nimmt kurzerhand alles: Geld, Buch und Wein. „Du lieber Himmel", sagt der Psychologe, „er wird katholischer Priester! Die können alles gebrauchen!"

Ein Psychiater untersucht einen Pfarrer und fragt:
„Reden Sie im Schlaf?"
„Nein, ich rede nur, wenn andere schlafen."

Ehepaar beim Seelsorger.
Der Mann: „20 Jahre lang sind meine Frau und ich vollkommen glücklich gewesen."
Der Seelsorger: „Und dann?"
Der Mann: „Dann haben wir uns kennen gelernt!"

„Frau Ida, Sie haben wirklich viele Glaubenszweifel! Haben Sie denn mal mit unserem Pfarrer gesprochen?"
„Nein, die Zweifel kamen von ganz allein!"

Ein junger Mann kommt zum Rabbiner, um seinen Rat einzuholen:
„Ich habe ein Mädchen kennen gelernt und kann mich nicht entscheiden, ob ich sie heiraten soll oder nicht. Was meinen Sie?"
„Ich würde sagen: ja!"
„Aber sie ist hässlich!"
„Dann eben nicht!"
„Aber sie bekommt eine große Mitgift!"
„Dann heirate sie!"
„Aber sie hinkt!"
„Dann vielleicht doch nicht."
„Aber ihr Vater verspricht, mir eine Existenz aufzubauen!"
„Also, heirate sie!"
„Rabbi, ich hoffte, dass Sie mir einen guten Rat geben würden!"
„Ich habe für dich einen guten Rat: Geh und lass dich taufen!"
„Warum das?"
„Dann wirst du nicht mehr mir, sondern dem Pfarrer auf die Nerven gehen!"

Der alte Pfarrer kommt am Beichtstuhl vorbei, wo eben der junge unerfahrene Kaplan eine seiner ersten Beichten abnimmt. Hinterher lässt er ihn zu sich kommen.
„Ich glaube", gibt er ihm einen väterlichen Rat, „Sie sollten, wenn Sie die Beichte abnehmen, ab und zu mal ein 'aber, aber' einstreuen und nicht immer dieses 'phantastisch, phantastisch'."

Der neue Kaplan sitzt im Beichtstuhl. Alles geht gut bis der Wurzinger Sepp kommt. Der kniet sich nieder und sagt grad heraus, dass er ein Reh gewildert habe.

„Einen Moment", flüstert der Kaplan und huscht hinüber in die Sakristei, wo er den Pfarrer findet.

„Herr Pfarrer, da ist der Wurzinger Sepp und hat ein Reh gewildert. Wie viel soll ich ihm denn geben?"

„Na ja", sagt der Pfarrer, „ich geb ihm immer zwei Euro fürs Pfund."

Magdalena kommt zum Beichten. „Ach, Hochwürden", sagt sie zerknirscht, „erst heute früh habe ich mich wieder nackt vor den Spiegel gestellt, um zu sehen, wie schön ich bin. Ist das eine schwere Sünde?"

Da schüttelt der Pfarrer den Kopf: „Mein liebes Kind, das ist überhaupt keine Sünde, das ist ein Irrtum."

Zwei schon betagte Münsteranerinnen treffen sich in der Lambertinikirche, als sie zum Beichten gehen: „Gehen Sie auch zum Pater Johannes beichten?"

„Nein, ich geh' immer zum Pater Leonis, der fragt einen immer so schöne Sünden. Man fühlt sich direkt zwanzig Jahre jünger!"

Ein altes Mütterchen im Beichtstuhl: „Herr Pfarrer, ich habe einen jungen Mann verführt!"

Der Geistliche: „Na, hören Sie mal, ich glaube Ihnen ja fast alles, aber das doch nun wirklich nicht!"

„Na ja, es ist zwar schon über 60 Jahre her, aber ich beichte es halt noch immer gern!"

Samuel Weizenbaum, soeben zum Katholizismus übergetreten, kniet das erste Mal im Beichtstuhl: „Ich habe gesündigt, ich habe mit der Frau meines Companions geschlafen."

Hochwürden: „Wie oft?"

„Hochwürden, bin ich gekommen mich zu zerknirschen oder bin ich gekommen mich zu berühmen?"

Ein Brautpaar geht am Abend vor dem Hochzeitstag zur Beichte. Der Bräutigam bekennt seine Sünden, der Beichtvater gibt ihm einige Ermahnungen mit auf den Weg und spricht ihn los.

„Geben sie mir keine Buße auf, Hochwürden?", fragt der junge Mann.

„Warum denn noch eine Buße? Ich denke, Sie wollen morgen heiraten?"

Theologen und Wissenschaftler

In einem Café sitzen ein Chirurg, ein Architekt und ein Theologe und streiten sich darum, wer den ältesten Beruf ausübt. Der Chirurg: „Klar, dass mein Beruf zuerst war, denn Gott hat den Adam eingeschläfert und ihm eine Rippe entnommen, also ein chirurgischer Eingriff mit Anästhesie."
Der Architekt: „Mag stimmen, aber bevor Gott den Adam schuf, formte er aus dem Chaos eine Welt, also eine echte Architektenleistung!"
Darauf der Theologe: „Und wer ist für das Chaos verantwortlich?"

In Kirchengeschichte, zu Recht ein gefürchtetes Prüfungsfach, fragt der Prüfer nach bedeutenden Ereignissen:
„1616!"
Vom Prüfling kommt nichts.
„1521!"
Nichts.
„Erasmus von Rotterdam!"
Nichts.
Langsam ungeduldig: „Katharina von Bora!"
Nichts.
„1517!"
Keine Antwort.
Entnervt schreit der Prüfer: „Martin Luther!"
Der Kandidat steht auf und will den Raum verlassen.
„Wohin gehen Sie denn?", fragt der Prüfer.
„Ich dachte, Sie hätten den nächsten aufgerufen."

Karl Barth, Rudolf Bultmann und Walter Künneth fahren während der Tagungspause eines Theologenkongresses zu dritt mit einem Boot zum Angeln auf einem abgelegenen See. Nach einiger Zeit bekommen die Angler Durst. Da ist Karl Barth bereit, Bier zu holen. Er steigt aus dem Boot, läuft über das Wasser an Land und kommt auf dem gleichen Weg mit dem Bier zurück. Eine Stunde später ist Rudolf Bultmann dran. Auch er geht direkt über das Wasser. Zuletzt ist Walter Künneth dran. Er steigt aus dem Boot und tritt auf das Wasser, versinkt aber sofort. Sagt Bultmann zu Barth: „Schade, wir hätten ihm doch sagen sollen, wo die Steine liegen."

Fragt Barth zurück: „Welche Steine?"

Der Papst, Kardinal Meissner und der Kirchenkritiker Drewermann kommen in den Himmel. Petrus öffnet die Tür: „Hallo zusammen, ich lasse Euch ja gerne rein, aber erst müsst Ihr noch bei unserem Vorstand vorstellig werden!" Erst geht der Papst in das Zimmer. Drin sitzen Gott, Jesus und der heilige Geist. Nach einer Stunde kommt der Papst wieder raus.

„Na, wie war's?"

„Naja", meint der Papst, „ich muss nochmal runter auf die Erde, ich habe etwas verkehrt gemacht."

Danach geht Kardinal Meissner rein. Nach 3 Stunden kommt er wieder raus. Petrus und Drewermann fragen: „Na, wie war's?"

„Naja", sagt Meissner, „ich muss noch mal runter auf die Erde, ich habe etwas verkehrt gemacht..."

Zu guter letzt geht Drewermann rein, Petrus wartet noch auf ihn. Es vergehen 2 Stunden, 3 Stunden,... Nach 6 Stunden kommt Jesus aus dem Zimmer geschossen. Petrus fragt: „Was machst Du denn hier?" „Naja", sagt Jesus, „ich muss noch mal runter auf die Erde..."

Papst und Vatikan

Als der Papst auf den Philippinen zu einem Besuch landete, fragte ihn ein vorwitziger Reporter, ob er in Manila Nachtclubs besuchen wolle. Darauf der Papst lächelnd: „Sagen Sie mal, gibt es denn Nachtclubs in Manila?"
Am nächsten Tag stand in der Zeitung die Schlagzeile:
„ERSTE FRAGE DES PAPSTES BEI DER ANKUNFT IN MANILA: 'GIBT ES HIER NACHTCLUBS?'"

„Haben Sie, als Sie in Rom waren, auch die Sixtinische Kapelle gesehen?"
„Nein, die muss damals wohl auf Tournee gewesen sein!"

Eine Studentin der Kunstgeschichte geht nach Italien, um dort die großen Kunstwerke zu sehen. Am Abend ruft sie ihre Oma an und schwärmt: Heute war ich in der Sixtinischen Kapelle im Vatikan. Stell dir vor, beim Michelangelo hat es volle vier Jahre gedauert, bis die Decke fertiggemalt wurde."
„Mein Gott! Anscheinend haben er und ich denselben Hausbesitzer!"

Der Papst reist im Auto durch die menschenleere Ödnis Kanadas. Plötzlich sagt der Papst zu seinem Fahrer: „Lassen sie mich mal ans Steuer."
Der Chauffeur: „Aber heiliger Vater..."
Doch der Papst: „Mich sieht doch keiner. Einmal in meinem Leben möchte ich selbst Autofahren."
Glücklich klemmt er sich hinters Steuer und fährt los. Erst 60 Meilen, dann 80 Meilen, dann 100 Meilen. Da ertönt die Sirene

der Highway Police. Der Papst stoppt, und die Polizisten klopfen ans Fenster.Noch bevor der Papst ein Wort sagen kann, rennen sie zu ihrem Wagen und funken die Zentrale an: „Wir haben hier eine Geschwindigkeitsübertretung."

„Ja und, dann kassieren Sie halt..."

„Aber es ist eine wichtige Persönlichkeit."

„Na und, auch wenn's ein Minister ist, kassieren Sie endlich."

„Aber er ist noch viel wichtiger!"

„Ja, wer ist er denn?"

„Das wissen wir auch nicht, aber der Papst ist sein Chauffeur!"

Ein besoffener Mann, nach Bier stinkend, setzt sich in die U-Bahn, direkt neben einen Pfarrer. Der Besoffene, mit offenem Hemd, lose hängender Krawatte, zerrissenem Jackett und Spuren von rotem Lippenstift in seinem ganzen Gesicht, öffnet eine Zeitung und liest. Nach ein paar Minuten fragt er den Pfarrer: „Sagen Sie, Vater, von was bekommt man Arthritis?"

Der Pfarrer: „Nun, mein Sohn, man bekommt es vom ausschweifenden Leben, vom Rumhängen mit billigen, schamlosen Frauen, vor allem vom Alkohol, auch vom Sex mit Prostituierten, und von mangelnder Körperhygiene!"

Der Besoffene: „Oh, mein Gott!"

Der Pfarrer denkt plötzlich, dass er vielleicht etwas hart war und fragt in versöhnlicherem Ton: „Seit wann haben Sie den Arthritis, mein Sohn?"

Der Besoffene: „Ich hab es nicht, aber hier in der Zeitung steht, dass der Papst Arthritis hat!"

Ein Tourist vor der Peterskirche in Rom: „Können Sie mir sagen, wo die Laokoon-Gruppe ist?"

„Leider nein, ich gehöre zur Neckermann-Gruppe!"

Ein Angestellter platzt in das Arbeitszimmer des Papstes, keucht, japst und ist kaum imstande zu sprechen. „Was gibt es denn, Mario?" fragt der und bietet dem Aufgeregten einen Stuhl an.

Der setzt sich und atmet tief durch: „Heiliger Vater, ich, äh, na ja, ich habe eine gute und eine schlechte Nachricht, welche wollt Ihr zuerst hören?"

„Nun, dann zuerst die gute..."

„Jesus ist am Telefon und will Euer Heiligkeit sprechen!!!"

„Preiset den Herrn!", antwortet der Papst. „Aber was könnte denn dann die schlechte sein?"

„Heiliger Vater, hm, also – das Gespräch kommt aus Mekka..."

Andere Version:

Eines wunderschönen Tages klingelt das Telefon beim Papst: „Hallo, hier spricht Gott. Ich habe eine gute und eine schlechte Nachricht."

Papst: „Zuerst die gute Nachricht!"

Gott: „Ich habe beschlossen, die ganze Welt unter einer gemeinsamen Kirche zu verbinden."

Papst: „Großartig, das ist genau das, wofür wir die ganzen Jahre gearbeitet haben. Und was ist die schlechte Nachricht?"

Gott: „Ich rufe aus Salt Lake City an..."

Der Papst reist anonym nach Venedig und fällt dort aus einer Gondel. Das Wasser ist zwar nicht tief, aber der Papst versinkt immer weiter. Da kommt ein Gondolieri vorbei und fragt: „Kann ich Ihnen helfen?"

Der Papst sagt: „Nein, der Heilige Geist wird mir schon beistehen."

Der Papst versinkt immer weiter, ihm steht das Wasser schon bis zum Hals, als der Gondolieri wieder vorbei kommt und fragt: „Kann ich Ihnen nicht doch helfen?"

Der Papst antwortet wieder: „Nein danke, der Heilige Geist wird mir schon beistehen."

Als der Papst nun ertrunken ist und im Himmel vor dem Heiligen Geist steht, sagt er zu IHM: „Wenn man dich schon mal braucht, dann bist Du nicht da!"

Worauf der Heilige Geist antwortet: „Na wer, glaubst Du denn, ist die ganze Zeit vor Dir hin und her gerudert?"

Der Papst fährt mit seinem Papamobil durch die Stadt.

Die ganze Zeit läuft eine Blondine hinterher. Der Fahrer wird schneller, die Blondine auch. Der Fahrer gibt richtig Gas, die Blondine rennt hinterher. Irgendwann wird es dem Papst zu bunt und er befiehlt: „Anhalten!"

Da kommt die Blondine zu ihm hin und sagt: „Bitte einmal Schokolade - Straziatella!"

Als Kardinal Frings seinen letzten Amtsbesuch in Rom machte, schenkte er dem Papst einen langjährigen Gefährten, den Papagei Yoko. An jedem Morgen kam nun seine Heiligkeit an den Käfig und Yoko krächzte: „Gut'n Morgen Eminenz! Gut'n Morgen Eminenz!"

Nach sechs Wochen war's dem Heiligen Vater zu viel. Er beschloss, durch seinen feierlichsten Aufzug Yoko davon zu überzeugen, dass einem Papst mehr gebühre als die Anrede eines Kardinals. Die Türen öffneten sich, und die ganze Farbenpracht des päpstlichen Hofstaates erschien: vom Tragsessel über die Schweizer Garde schaute seine Heiligkeit mit Tiara und Soutane würdevoll und zugleich erwartungsvoll auf Yoko, den Papagei. Der erstarrte, blinzelte dreimal, erinnerte sich plötzlich und schrie begeistert flatternd: „Kölle Alaaf!"

Zwei Römer im Café: „Haben Sie gehört, der Heilige Vater soll zu Gott beten, dass er dem Duce endlich die Augen öffne!" „Jetzt?", fragt der andere. „Wo doch alle darum beten, dass er sie ihm endlich schließt."

Dem Papst geht es gesundheitlich nicht so gut, er ist schwach, hat vielleicht Fieber. Da nimmt ihn sein Sekretär zur Seite: „Ich weiß eine Möglichkeit, bei der Sie innerhalb einer halben Stunde wieder völlig hergestellt sind. Sie werden sich fühlen wie ein junger Gott."
Der Papst stimmt zu und so gehen sie in die Sauna.
Nach dem Saunagang ist der Papst sichtlich erfrischt: „Das machen wir morgen gleich nochmal."
„Das geht nicht. Am morgigen Tag ist 'gemischte Sauna'."
Der Papst ist entsetzt: „Gemischt? Das ist ja furchtbar."
Der Sekretär: „Ja, Männer und Frauen. Aber nur donnerstags."
Der Papst erleichtert: „Ach so, das ist ja nicht so schlimm. Ich dachte, Katholiken und Protestanten."

Andere Version
Der Papst besucht zum ersten Mal die vatikanische Sauna und ist danach begeistert: „So gut habe ich mich schon lange nicht mehr gefühlt. Das machen wir morgen gleich noch einmal."
Worauf man ihm ins Ohr flüstert: „Eure Heiligkeit, morgen geht's nicht, da ist gemischte Sauna."
Darauf der Papst: „Das macht doch nichts. Mit den paar Protestanten werden wir auch noch fertig."

Der Papst betet, diesmal, um die Absichten Gottes zu erfahren: „Oh Herr, gib mir ein Zeichen! Wird es einmal Priester geben, die heiraten dürfen?" – Eine Stimme von oben gibt die Antwort: „Solange du Papst bist, nicht." – „Oh Herr, gib mir noch ein

Zeichen. Wird es einmal Frauen als Priester geben?" – Die Antwort: „Solange du Papst bist, nicht." – „Herr, gib mir nur noch ein Zeichen. Wird es noch einmal einen polnischen Papst geben?" – „Solange ich Gott bin, nicht ..."

Besuch Adenauers im Vatikan. Die Audienz des Bundeskanzlers dauert schon mehr als eine Stunde über die protokollarisch festgelegte Zeit. Die anderen angemeldeten Besucher werden ungeduldig. Endlich hält es der Kardinal-Sekretär nicht mehr aus; er öffnet die Tür einen Spalt, und was sieht er: Der Papst kniet vor Adenauer, ringt die Hände und sagt flehend: „Aber glauben Sie mir doch, Herr Bundeskanzler, ich bin doch schon katholisch!" (Adenauer war dafür bekannt, dass er fast katholischer war als der Papst)

Der Papst kommt in den Himmel. Am ersten Abend bringt Petrus ihm sein Essen – Wurstbrot! Während der nicht so verwöhnte Papst sein Brot isst, schaut er mal kurz hinunter in die Hölle und sieht eine Horde von Leuten ein Spanferkel verzehren. Am zweiten Abend bekommt er wieder sein Essen von Petrus gebracht – Wurstbrot! Schon ein bisschen verwundert schaut er während des Mahls wieder in die Hölle und sieht die Horde einen herrlichen Wildbraten schlemmen. Der dritte Abend ist nicht anders, Petrus bringt Wurstbrot! Frustriert sieht der Papst in die Hölle und sieht, wie es dort ein riesiges warmes Buffet gibt. Da fragt er Petrus: „Du, sag mal, was ist denn hier los im Jenseits? In der Hölle sind sie jeden Abend am schlemmen und genießen, und ich bekomme hier oben nichts anderes als Wurstbrot."
Antwortet Petrus: „Ja, glaubst Du Dödel etwa, für einen koche ich warm?"

Bischöfe, Prälaten und Kirchenbeamte

Zwei Schulkameraden, die sich nie leiden mochten, treffen sich nach Jahren auf einem Bahnhof. Der eine ist Kardinal geworden, trägt die entsprechende Kleidung und verfügt über einen stattlichen Bauch. Der andere ist General, hat seine Uniform an mit vielen Orden und Ehrenzeichen. Der Kardinal will den General verspotten: „Entschuldigen Sie, Herr Stationsvorsteher, wann fährt denn der nächste Zug?"
„In fünf Minuten – aber in Ihrem Zustand würde ich die Reise nicht mehr unternehmen, gnädige Frau."

Aufschrift an einem Aufzug: Für 8 Personen oder 4 Prälaten.

Vorstellung des Studienfaches Theologie. Fragt der Professor: „Und in welchem Bereich möchten sie gerne später mal arbeiten?"
„Ich möchte im Oberkirchenrat in der Verwaltung tätig sein."
„Sind Sie verrückt?"
„Wieso – ist das Bedingung?"

„Leider muss ich Ihnen jede geistige Tätigkeit verbieten", erklärt der besorgte Arzt dem Theologen.
„Aber für den Oberkirchenrat darf ich noch arbeiten?"
„Selbstverständlich!"

Wie heißt es, wenn ein Kirchenbeamter beerdigt wird?
Er wird umgebettet.

Ein Arbeitsloser, dessen Freund Oberkircherat in der Landes-kirchenverwaltung ist:
Du hättest ruhig an mich denken können bei der Besetzung einer neuen Stelle?
Das ist schon richtig, aber was wäre die ideale Arbeit für dich gewesen?
Du hättest eine neue Abteilung errichten können, zum Beispiel für Eure Kolonien!
Aber wir haben doch gar keine Kolonien!
Wieso habt Ihr dann eine Abteilung für Finanzen?

Ein hoher Beamter des evangelischen Oberkirchenrates hört plötzlich eine Stimme von oben, die sagt: „Ich bin dein Schutz-engel, du hast drei Wünsche frei."
„Gut, ich möchte irgendwo auf Haiti unter Palmen liegen, am Strand."
Schon liegt der Beamte am Strand von Haiti, über sich wie-gende Palmen, vor sich endlos blaues, klares Meer. Der Mann zögert, dann: „Na ja, wie wär's mal mit einer so richtig schönen, jungen Schwarzen?" Schon schmiegt sich in seine Arme ein wunderschönes Mädchen.
„Du hast noch einen dritten Wunsch", mahnt die Stimme des Engels. Da drückt der Beamte das Mädchen fest in seine Arme und sagt: „Ich möchte mein Lebtag lang nichts mehr tun." Und schon sitzt der Beamte wieder im Oberkirchenrat.

Der Kaplan fragt seinen Pfarrer: „Was sagten Sie gestern in Ihrer großartigen Sonntagspredigt über die Dreifaltigkeit?"
Der Pfarrer: „Nichts."
„Das ist mir schon klar. Ich wollte nur wissen, wie Sie es formuliert hatten..."

Warum benutzen die Angestellten in der Kirchenverwaltung dreilagiges Toilettenpapier?
Weil sie für jeden Scheiß zwei Durchschläge brauchen.

Treffen sich zwei Beamte im Oberkirchenrat auf dem Flur. Sagt der eine: „Na, kannst du auch nicht schlafen?"

Ein General macht beim zuständigen Bischof seinen Antrittsbesuch. Beim Abschied bittet der Offizier: „Exzellenz, ich darf doch mit ihrem Gegenbesuch rechnen? Bringen Sie doch bitte auch ihre Frau Gemahlin mit!" Der Bischof errötet: „Aber, Herr General – wir haben doch den Zölibat ..."
„Macht doch nichts", lacht der General, „den Kleinen können Sie ruhig auch mitbringen."

Der Bischof inspiziert seine Dorfgemeinden. Bei einem der Pfarrer fällt ihm im Schlafzimmer das große Ehebett auf, das durch ein Brett in der Mitte geteilt ist.
Verwundert meint der Bischof:
„Wer schläft denn hier?"
„Meine Haushälterin und ich", sagt der Pfarrer.
„Und wenn euch die Versuchung überkommt?"
„Das ist kein Problem. Dann tun wir das Brett weg!"

In einem Landeskirchenbüro sitzen zwei Beamte. Das Telefon klingelt zum 33sten mal. Sagt der eine: „Unglaublich, wie manche Leute ihre Zeit verschwenden."

Bei der Kirchenbesichtigung weist der Ortspfarrer den Dekan auf die feuchten Stellen an der Wand hin. „Da brauchen wir Geld", sagt er, „das sitzt tief in der Mauer drin, das muss unbedingt renoviert werden!"

„Ach was", wehrt der Dekan ab, „das kommt alles nur von Ihren wässrigen Predigten!"

Der Pfarrer antwortet: „Dann müssen eben Sie kommen und ein paar von Ihren trockenen halten ..."

Vor dem Landeskirchenamt liegt morgens ein Findelkind. Man nimmt es mit hinein und berät, warum das Kind ausgerechnet vor dem Landeskirchenamt abgelegt wurde. Nach ausreichender Beratung kommt der Gedanke auf, dass möglicherweise der Vater des Kindes hier im Hause zu suchen sei. Aber man verwirft den Gedanken bald wieder, weil dies unmöglich erscheint. Begründung:

1. Aus diesem Haus ist noch nichts herausgekommen, was nach 9 Monaten fertig war.

2. Aus diesem Haus ist noch nichts herausgekommen, was Hand und Fuß hatte.

3. Aus diesem Haus ist noch nichts herausgekommen, was mit Lust und Liebe entstanden ist.

„Sie kommen aus einer gut-katholischen Familie?", fragt der Bischof den Seminaristen.

„Ja, aber trotzdem bin ich ins Seminar eingetreten."

Der Bischof irritiert: „Und wie lange studieren Sie schon Theologie?"

„Zehn Semester, aber ich will mich trotzdem weihen lassen."

Der Bischof hat seinen Besuch angemeldet. Fragt die Zugehfrau den Priester: „Was machen wir denn mit dem Jungen, wenn der Bischof kommt?"

Der Priester: „Ach, den setzen wir auf den Altar und verkleiden ihn als Engelchen. Das merkt der Bischof nie!"

Beim Besuch führt der Priester den Bischof auch in die Kirche. Da bleibt der Bischof vor dem Altar stehen und ruft aus: „Das ist ja der schönste Engel, den ich je gesehen habe. So lebendig. Sagen Sie, wo haben Sie denn den her?"

„Ach, den habe ich in den langen Winternächten des letzten Jahres selbstgemacht!"

Ein südamerikanischer Bischof unternimmt eine Deutschlandreise, um sich Priester für seine Diözese zu erbitten. Als er bei einem Erzbischof vorstellig wird, sagt dieser: „Das ist eine schwierige Sache. Wissen Sie, was wir in unseren Priesternachwuchs investieren müssen? Unter 8.000 Euro kann ich Ihnen keinen abgeben."

„Viel zu teuer", sagt der Südamerikaner. „Haben Sie nichts Billigeres?"

„Ja", sagt der Erzbischof, „da wären noch die Herren vom Domkapitel."

„Sind die nicht noch teurer?"

„Iwo! Von denen können Sie jede Menge haben, das Stück für 25 Cent."

„Wieso 25 Cent?"

„Flaschenpfand."

Ein Bischof in den USA klagt über die schlechte Berichterstattung durch die Presse. Man rät ihm, einmal einige Journalisten in seinen Amtssitz einzuladen und mit ihnen im Garten ein zwangloses Gespräch zu führen. So geschieht es. Der Bischof

will Eindruck machen und sagt zu den Journalisten: „Ich werde jetzt vor ihren Augen über die kleinen Teich gehen. Mal sehen, was Sie morgen darüber in den Zeitungen berichten werden."
Das Vorhaben gelingt. Am nächsten Morgen liest der Bischof in der Ortspresse: „Unglaublich! Hiesiger Bischof kann nicht einmal schwimmen!"

In einem Zugabteil sitzen sich ein Kardinal und ein junger Mann gegenüber.
„Was haben Sie eigentlich geleistet, um diesen hohen Posten in der Kirche zu bekommen?", fragt der junge Mann.
„Eigentlich nichts", erwidert der Kardinal bescheiden.
„So", meint der Frager höhnisch, „dann kann wohl in Ihrer Kirche jeder Esel Kardinal werden?"
Da meint der Kardinal: „Das glaube ich nicht, sonst könnten Sie ja mein Kollege werden!"

Bei einer Visitation besichtigt ein Bischof auch die Kellerräume des Pfarrhauses. Mit Befremden bemerkt er Berge von leeren Weinflaschen, die hier aufgestapelt sind.
„Hier liegen aber viele Leichen!" sagt er zum Pfarrer.
„Keine Sorge, Euer Exzellenz", entgegnet der Pfarrer, „keine ist ohne geistlichen Beistand gestorben."

Ein kunstbegeisterter Domherr liegt im Sterben. Als er noch ein letztes Mal die Augen öffnet, hält man ihm ein Kruzifix vor.
„Erste Hälfte des 17.Jahrhunderts. Mittelmäßige Arbeit", sagt er enttäuscht und stirbt.

Nach der Verabschiedung eines Konzilsdokuments sagte einer der Konzilsväter zu dem anderen:

„Jetzt haben wir den Beweis, dass die Zehn Gebote von Gott stammen müssen."

„Wieso?"

„Haben Sie so was schon mal erlebt: zehn vernünftige, verständliche Sätze ohne jede Klausel?"

Kommen eigentlich auch Kirchenbeamte in den Himmel?
Natürlich, denn es heißt doch in der Bergpredigt:
Selig sind die geistig Schwachen, denn ihrer ist das Himmelreich!

Erster Priester: Ich habe gehört, Sie hatten einen wahren Massenauflauf vor Ihrer Kirche letzten Sonntag.
Zweiter Priester: Ja, sie ist abgebrannt.

Missionare

Nach der Taufe sagt der Missionar zu dem Eingeborenen: „Und merk dir: du heißt jetzt nicht mehr Tutu, sondern Johannes. Du darfst jetzt nur noch eine Frau haben, und am Freitag darfst du kein Fleisch mehr essen, nur noch Fisch."
Doch eine Woche danach sieht der Missionar, wie Jonathan sich über einen Kalbsbraten hermacht. „Aber Jonathan, was habe ich dir nach der Taufe gesagt?"
„Tutu essen gar kein Fleisch. Tutu haben Ziege genommen, in Wasser getaucht und gesagt: Du nicht mehr heißen Ziege, du heißen Fisch. Wie Jonathan."

Ein anglikanischer Bischof, der lange Zeit in Afrika Missionar gewesen war, ist zu einer Abendgesellschaft eingeladen. Die Damen tragen Kleider mit tiefen Ausschnitten. Dem Gastgeber ist das peinlich und versucht sich bei dem Bischof zu entschuldigen. Der Bischof wehrt freundlich ab: „Machen Sie sich deswegen keine Sorgen. An so etwas bin ich gewöhnt. Ich war ja 16 Jahre lang unter den Wilden in Afrika!"

Bei den Kannibalen hat der Missionar Pech gehabt. Schon wird das Feuer unter dem großen Kessel geschürt, da kommt der Häuptling zu ihm und teilt ihm mit, er würde ihn laufen lassen, wenn er ihm etwas zeigen könne, was er noch nie gesehen habe. Da kommt dem Missionar eine Idee: er zieht sein Feuerzeug aus der Tasche, drückt drauf, und – es brennt.
„Donnerwetter", sagt der Häuptling und bindet den Missionar los, „ein Feuerzeug, das gleich beim ersten Mal brennt!"

Im wilden Westen will sich ein Wanderprediger einen Gaul kaufen. Er geht zu einem Pferdehändler; der meint: „Da haben wir ein Pferd, ideal, wie für Sie gemacht. Auf das Kommando 'Gott sei Dank' läuft es los, bei 'Amen' bleibt es wieder stehn." Der Prediger ist ganz begeistert und macht gleich einen Proberitt: „Gott sei Dank." Das Pferd läuft los. Aus der Stadt raus und über die Prärie geht alles gut, bis das Pferd genau auf eine Schlucht zu galoppiert. Der Priester hat das Kommando zum Anhalten längst vergessen, er zerrt am Zügel, probiert alles, nichts hilft. In letzter Verzweiflung fängt er an zu beten: „Vater unser im Himmel, ... Dein Wille geschehe. Amen."
Das Pferd hält beim 'Amen' an, genau einen Meter vor der Schlucht. Der Priester wischt sich den Angstschweiß von der Stirn: „Gott sei Dank."

Ein Pfarrer ist in der Wüste unterwegs. Plötzlich steht er einer Horde Löwen gegenüber. Flehend betet er: „Lieber Gott, lass diese Löwen bitte genauso gläubig sein, wie ich es bin!" Als er die Augen wieder öffnet, sieht er die Löwen im Kreis mit gefalteten Tatzen betend um ihn herumsitzen. „Lieber Gott, segne das, was du uns bescheret hast!"

Ein Pastor gerät auf seiner Missionsreise in ein abgelegenes afrikanisches Dorf. Dort wird er sofort zum Medizinmann geführt. Der fragt ihn nach seinem Impfpass und untersucht ihn gründlich von Kopf bis Fuß. „Ist ja großartig", meint der Pastor. „Ich wusste wirklich nicht, dass sie hier so eine ausgezeichnete medizinische Betreuung haben."
„Betreuung?", fragt der Medizinmann. „Sie sind hier bei der Lebensmittelkontrolle."

Ein Missionar besucht in Afrika die Kranken. In einem Kral findet er einen jungen Schwarzen, der im Fieber liegt. Er untersucht ihn, gibt ihm eine Spritze und sagt: „Du keine Angst haben, du bald wieder gesund und arbeiten wie Elefant."
„Das sein feine Sache", sagt der junge Mann, „dann ich fahren nächste Woche wieder zur Sorbonne und halten feine Vorlesungen über Sozialpsychologie."

Der Wanderprediger war dafür bekannt, dass er in den Versammlungen immer seinen Hut rumgehen ließ und dann die eingesammelten Gaben mit einem Dankgebet darbrachte. Mochte die Gabe auch noch so klein sein, er formulierte immer einen Dank. Eines Tages ließ man den Hut leer zurückgehen und wartete gespannt auf seine Reaktion. Und bekam zu hören: „Herr, ich danke dir, dass mir diese Gesellschaft wenigstens meinen Hut zurückgegeben hat!"

Hast von dem Missionar gehört, der den Kannibalen einen ersten Geschmack vom Christentum schenkte?

„Glauben Sie, dass ein Missionar in den Himmel kommt und ein Kannibale in die Hölle?"
„Natürlich. Ein Missionar kommt immer in den Himmel."
„Aber was ist, wenn der Missionar sich im Kannibalen befindet?"

Klöster und Orden

In der Klosterküche ist Essen übrig geblieben. Die Äbtissin beauftragt eine Nonne, es zu den Arbeitern der naheliegenden Baustelle zu bringen. Bevor sie das Essen verschenkt, möchte die Nonne allerdings zuvor noch prüfen, ob dieser auch fromm ist und fragt ihn: „Entschuldigen Sie bitte, kennen Sie Pontius Pilatus?"
„Nein. Hey, Kurt, kennst du Pontius Pilatus?"
„Nein. Wieso?"
„Seine Alte ist da und bringt ihm das Essen."

In einem Kloster beten abends ein Benediktiner, ein Dominikaner, ein Franziskaner und ein Jesuit zusammen ihr Brevier. Plötzlich fällt das Licht aus. Wie verhalten sich die Ordensleute?
Der Benediktiner betet weiter, denn er kennt seine Gebete auswendig.
Der Dominikaner versinkt in eine tiefsinnige Betrachtung über die Bedeutung des Lichts für die menschliche Frömmigkeit.
Der Franziskaner macht ein Nickerchen.
Der Jesuit steht auf, geht hinaus und wechselt die kaputte Sicherung.

Ein Jesuit und ein Dominikaner unterhalten sich.
„Und wie, glauben Sie, wurde Jesus geboren? Mit offenen oder geschlossenen Augen?", fragt der Jesuit.
„Zweifellos mit offenen Augen", meint der Dominikaner. „Aber als er sich dann in dem Stall umsah und den Ochsen und den Esel erblickte, schloss er die Augen wieder und dachte: Das ist nun die Gesellschaft Jesu!"

In einem Eisenbahnabteil sitzen sich ein Franziskaner und ein Jesuit gegenüber und beten beide ihr Brevier. Dabei zieht der Jesuit in aller Gemütsruhe ein Zigarettenetui aus der Tasche und zündet sich eine Zigarette an.

„Beim Beten darf man nicht rauchen!", sagt der Franziskaner.

„Ich schon", sagt der Jesuit. „Ich habe mir die Erlaubnis geben lassen."

„Bekommt man die leicht?", fragt der Franziskaner interessiert.

„Aber ja, sie brauchen nur in Rom anzufragen."

Einige Zeit später treffen sich die beiden wieder, und der Franziskaner sagt ärgerlich: „Sie haben mich damals ja ganz schön angeführt. Natürlich habe ich die Erlaubnis nicht bekommen."

„Wie haben Sie denn Ihr Gesuch formuliert?", fragt der Jesuit.

„Ganz einfach", antwortet der Franziskaner. „Ich habe angefragt, ob ich beim Beten rauchen darf."

„Zu einfach!", sagt der Jesuit lächelnd. „Sie hätten anfragen müssen, ob Sie beim Rauchen beten dürfen."

Ein Kapuziner ging mit einem Raubmörder zum Richtplatz hinauf. Als das Fallbeil sichtbar wurde, sagte der Pater: „Hab' keine Angst, Bruder, gleich wirst du vor Gott stehen!"

Da blickte ihn der Mörder an und sagte: „So – ganz ohne Kopf?"

Eine Nonne ist verführt worden und berichtet diese Tatsache der Oberin. Diese ordnet an: „Du musst sofort den Saft von 10 Zitronen ohne Zucker trinken."

„Und dadurch bekomme ich meine Unschuld wieder?" „Nein, aber es wird deinen glücklichen Gesichtsausdruck vertreiben!"

Eine Nonne kommt in den Himmel. Pflichtgemäß wird sie von Petrus gefragt: „Wer bist du?"

„Ich bin eine Braut Jesu." Petrus schaut sie ungläubig an, lässt sie aber eintreten. Dann hastet er in das Nebenzimmer und überfällt die dort versammelten Erzengel: „Habt ihr schon gehört, der Junior will heiraten ..."

Ein Jesuit und ein Franziskaner streiten über die Vorzüge ihrer Ordensgemeinschaften. Sie stehen vor einem Brunnen. Da beugt sich der Jesuit über den Schacht und ruft hinein: „Quid est Franciscanus?" (Was ist ein Franziskaner?)

Und das Echo ruft zurück: „Anus!"

Da ruft der Franziskaner in den Brunnen: „Quid est Jesuita?"

Das Echo antwortet: „Ita!"

(PS: Anus = Arschloch, ita = das gleiche)

Schwester Therese vom Ursulinenkloster steht auf dem Bahnhof und wartet auf ihren Zug. Da erblickt sie eine Waage, an der das Schild prangt: „Ihr Gewicht und Ihre Zukunft für 10 Cent." Schwester Therese stellt sich auf die Waage, wirft 10 Cent ein und erhält ein kleines Kärtchen, auf dem steht: „Sie sind Schwester Therese vom Ursulinenkloster, sind fünfzig Jahre alt und warten auf Ihren Zug. Wenn Sie das rechte Bein heben, werden Sie einen fahren lassen."

Schwester Therese traut ihren Augen nicht, aber hebt das rechte Bein, und siehe da, sie lässt einen fahren. Neugierig geworden, probiert sie es noch einmal. Wieder erhält sie ein Kärtchen, auf dem steht: „Sie sind Schwester Therese vom Ursulinenkloster, sind fünfzig Jahre alt und warten auf Ihren Zug. Wenn Sie das linke Bein heben, werden Sie einen fahren lassen."

Schwester Therese hebt das linke Bein, und siehe da, sie lässt einen fahren. Jetzt will sie es aber wissen und versucht es ein drittes Mal. Wieder stellt sie sich auf die Waage, wirft 10 Cent ein und erhält ein Kärtchen: „Sie sind Schwester Therese vom Ursulinenkloster, sind fünfzig Jahre alt und warten auf Ihren Zug. Aber während Sie hier herumfurzen, ist Ihr Zug abgefahren."

Der Verwandte einer Klosterfrau spricht an der Pforte vor, ob er seine Base, die Schwester Maria, besuchen dürfe.
„Wissen Sie nicht", bekommt er von der Pförtnerin zur Antwort, „dass sie inzwischen ehrwürdige Mutter geworden ist?"
„Das ist ja schön, da kann ich mir das Kind bei der Gelegenheit gleich mit anschauen."

Ein Kapuzinerpater malt einem hartgesottenen Sünder die Schrecken der Höllenstrafen aus und schließt mit den Worten: „Da wird sein Heulen und Zähneklappern unter jenen, die nicht wohlgetan haben auf Erden!" „Ich habe schon lange keine Zähne mehr", sagt der Mann unerschüttert. Da donnert ihn der Pater an: „Verlassen Sie sich darauf: Für Zähne wird gesorgt!"

In der Zeit nach dem 2. Weltkrieg reisten Nonnen häufig in das nahe Luxemburg, um dort allerlei Rares einzukaufen. So brachten sie auch jedes Mal mehrere Pfund Kaffee mit. Den verstauten sie in ihrer Ordenstracht und klemmten ihn unter die Arme. Einmal gerieten sie in eine Kontrolle. Der Zöllner fragte: „Haben Sie etwas gekauft?"
Darauf erwiderte die eine: „Ja, mehrere Pfund Kaffee, aber den haben wir unter den Armen verteilt" und so durften sie weiterziehen.

Die drei Ordensgründer Franziskus, Dominikus und Ignatius streiten sich im Himmel über die Vorzüge ihrer Ordensgemeinschaften. Jeder besteht darauf, dass sein eigener Orden sich im Verlauf der Jahrhunderte am besten an den ursprünglichen Geist des Stifters gehalten habe.

Petrus hat die Diskussion irgendwann satt und schlägt vor: „Warum macht ihr nicht mal einen Test?" Die drei stimmen zu, schauen auf der Erde nach, und nach einiger Zeit finden sie sich wieder im Himmel ein. Franziskus sagt traurig: „Die Armut habe ich meinen Brüdern am meisten ans Herz gelegt. Aber schau nur einer, wie sie heute leben! Ich habe verloren."

Dominikus berichtet: „Diese meine Brüder sollen Predigtbrüder sein? Noch nie habe ich solche Schwatzbrüder auf der Kanzel erlebt! Ich habe auch verloren."

Ignatius schaut jedoch ganz zufrieden drein und sagt lächelnd: „Ich bin eigentlich ganz zufrieden. Es sind noch immer die gleichen Heuchler wie früher."

Der interkonfessionelle Witz

Eine alte Legende besagt, dass Gott bei der Erschaffung der Welt von vier Engeln angesprochen wurde. Der erste fragte: „Wie machst du das?". Das war ein lutherischer Theologe.
Der zweite: „Warum machst du das alles?" Das war ein katholischer Theologe.
Der dritte sah voller Staunen zu und lobte den Schöpfer. Das war ein orthodoxer Theologe.
Der vierte Engel war schon recht ungeduldig und wollte sich nach vorne drängen. Als er endlich zu Wort kam, fragte er Gott: „Kann ich dir helfen?" Das war ein Methodist.

Kleine Konfessionskunde am Beispiel der Glühbirne
Wie viele Traditionalisten sind notwendig, um eine Glühbirne zu wechseln? – Zehn. Einer, um die Glühbirne zu wechseln, und neun, um zu beteuern, wie viel ihnen die alte wert war.
Wie viele Charismatiker sind notwendig, um eine Glühbirne zu wechseln? – Zehn. Einer wechselt die Glühbirne aus; neun beten gegen den Geist der Finsternis.
Wie viele Fundamentalisten sind notwendig, um eine Glühbirne zu wechseln? – Nur einer. Wenn es mehr sind, müssten sie zusammenarbeiten, und das fällt ihnen zu schwer.
Wie viele liberale Christen sind notwendig, um eine Glühbirne zu wechseln? – Das kann man nicht genau sagen. Falls sie sich überhaupt darauf einigen können, dass Glühlampen real existieren, werden sie wahrscheinlich aus Rücksicht auf jene, die andere Formen der Erleuchtung vorziehen, auf Glühlampen verzichten.
Wie viele Methodisten sind notwendig, um eine Glühbirne zu wechseln? – Mit dieser Frage befasste sich die jährliche Konferenz und verabschiedete folgende Stellungnahme: „Wir spre-

chen uns weder für noch gegen den Gebrauch von Glühlampen aus. Die Frage ist grundsätzlicher zu stellen: Dienen Glühbirnen der Heiligung oder sind etwa Halogen-, Neon- oder Energiesparlampen nützlicher? Jede Gemeinde sollte diese Frage in ihren Kommissionen besprechen."

Wie viele Calvinisten sind notwendig, um eine Glühbirne zu wechseln? – Keine. Calvinisten wechseln keine Glühbirnen aus, denn Gott hat in seinem weisen Ratschluss vorherbestimmt, welche brennen sollen und welche für immer verlöschen.

Wie viele Katholiken sind notwendig, um eine Glühbirne zu wechseln? – Keine. Sie verwenden Kerzen.

Ein Jesuit und ein protestantischer Pfarrer streiten über Religionsfragen. Schließlich lehnt sich der Jesuit zurück und sagt: „Lassen wir doch diese Diskussionen. Im Grunde dienen wir beide dem gleichen Herrn, Sie auf Ihre Art und ich auf seine ..."

Ein Mann im Kaufhaus fragt die Verkäuferin:„Können Sie mir helfen, ich suche einen BH für meine Frau?"

„Was für einen BH-Typ?" fragt die Verkäuferin.

„Gibt es mehr als eine Sorte?"

„Schauen Sie sich doch um, wir haben BH's in jeder Größe, Farbe, Form und Materialart. Aber bei all dieser Vielfalt, kann ich sie beruhigen gibt es vier Grundtypen von BH's. Da gibt es den katholischen BH, den evangelischen BH, den Heilsarmee-BH und den baptistischen BH. Welchen braucht Ihre Frau?"

Immer noch ziemlich verwirrt fragt der Mann: „Was sind denn die Unterschiede zwischen diesen Sorten?"

„Das ist ganz einfach... der katholische unterstützt die Massen, der evangelische hält sich streng und aufrecht, der Heilsarmee-BH hebt die Gefallenen wieder auf und der baptistische macht Berge aus Hügeln."

„Die Einheit der Christenheit schreitet weiter voran", berichtet ein englischer Methodist. „Bisher gab es in meinem Dorf eine methodistische und eine baptistische Gemeinde. Doch der Wind der Einheit hat geweht und sie haben sich vereinigt."

„Toll. Dann gibt es jetzt nur noch eine Gemeinde?"

„Oh nein, jetzt gibt es drei: die vereinigte Gemeinde und die beiden anderen."

Die Mutter von Graf Bobby: „Du solltest eigentlich heiraten, Bobby."

Bobby: „Schön und gut! Aber wen?"

Mutter: „Wie wär's denn mit der Baronesse Stasi?"

Bobby: „Ausgeschlossen! Die ist mir zu fad."

Mutter: „Oder vielleicht die Komtesse Marika?"

Bobby: „Die gefällt mir schon gar nicht!"

Mutter: „Ja, wen möchtest du dann heiraten?"

Bobby: „Am liebsten wäre mir ja der Rudi!"

Mutter: „Aber Bobby! Das geht doch gar nicht! Der ist doch evangelisch …"

Der interreligiöse Witz

Ein Rabbi und ein Pfarrer sitzen nebeneinander im Flugzeug. Die Stewardess bietet ein Glas Champagner an, woraufhin der Rabbi dankend annimmt. Der Pfarrer lehnt ab, mit den Worten: „Vielen Dank, aber als Vertreter der katholischen Glaubenslehre darf ich weder Alkohol trinken noch den Geschlechtsverkehr ausüben." Darauf ruft der Rabbi die Stewardess noch mal zu sich und sagt: „Verzeihen Sie, Fräulein, ich wusste nicht, dass ich die Wahl hatte..."

Ein Rabbiner und ein katholischer Geistlicher sitzen beim Mittagessen. Der Pfarrer zum Rabbiner:
„Wann werden Sie so tolerant und versuchen diesen köstlichen Schweinebraten?"
„An Ihrem Hochzeitstag, Hochwürden."

Nach einer anderen Version:
„Aber gern", sagt der Rabbiner, „wäre Ihnen Freitag recht?"

In einer anderen Gemeinde sind der Pfarrer und der Rabbiner schon seit eh und je herzlich befreundet.
„Wie läuft eigentlich so eine katholische Beichte", fragt der Rabbiner eines Tages den Pfarrer, „da würde ich gerne einmal zuhören."
Trotz einiger Bedenken willigt der Pfarrer schließlich ein und versteckt den Rabbiner, als er wieder die Beichte abnimmt, hinter dem Beichtstuhl. Gleich kommt auch eine junge Frau und kniet sich nieder.
„Ich habe gesündigt, Hochwürden, und die Ehe gebrochen."
„Wie oft?"

„Dreimal."

„Das ist eine schwere Sünde. Bete zur Buße fünf Vaterunser und wirf zehn Euro in den Opferstock."

Kurz darauf wird der Pfarrer abgerufen. Und als sich wiederum eine reuige Sünderin naht, huscht der Rabbiner schnell in den Beichtstuhl.

„Ich habe schwere Sünde auf mich geladen. Ich habe die Ehe gebrochen."

„Das ist sehr schlimm", sagt der Rabbiner „Wie oft?"

„Einmal, Hochwürden."

„Nur einmal?"

„Ja."

„Hm. Dann kannst du es noch zweimal tun. Wir haben jetzt ein Sonderangebot: für dreimal Ehebruch 10 Euro und fünf Vaterunser."

Ein Jude kommt nach Rom zur Zeit des Konzils, und dort sieht er die vielen Würdenträger, die Kardinäle, einen Kardinal im Mercedes, und noch einen Rolls-Royce mit einem Kardinal, und noch einen Mercedes mit einem Kardinal. Schließlich sagt er zu seinem Begleiter: „Das nenne ich einen Geschäftserfolg, mit einem einzigen Esel haben sie angefangen!"

Ein Pfarrer zu einem Rabbiner: „Letzte Nacht habe ich geträumt, ich sei ins jüdische Paradies gekommen. Es war schrecklich! Dieses Geschrei. Und dazu das Gedränge, überall Menschen und dieser Gestank."

„Was für ein Zufall", antwortet darauf der Rabbiner, „ich war heute nacht im Traum im christlichen Paradies. Diese himmlische Ruhe, überall Blumen und Wiesen und ein Duft nach Rosen und Jasmin – und weit und breit kein Mensch!"

Ein katholischer Pfarrer, ein evangelischer Pastor und ein Rabbiner unterhalten sich über die Verwendung der Kollektengelder. „Seht, meine Brüder", sagt der Pfarrer, „ich ziehe am Boden einen Kreidekreis, stelle mich hinein, werfe das Geld in die Luft. Was in den Kreis fällt, gehört Gott, alles andere mir."
Der Pastor: „Ich mache das ähnlich, nur was im Kreis landet, gehört mir, alles andere Gott."
Darauf der Rabbiner: „Ich mach es genauso, nur ohne Kreis."
„Wie, ohne Kreis?", fragen die beiden anderen.
„Ich werfe das Geld in die Luft, rufe laut „Nimm dir, was du brauchst, Gott" und das, was runterkommt, gehört mir."

Schaut sich ein Jude den Petersdom an und sagt zu sich selber: „Wär schon was zu machen aus der römischen Kirche. Müsst halt nur ein Jud in die Hand nehmen."

Die kath. Kirche schafft für jeden Geistlichen einen VW an. Die evangelische Kirche will nicht nachstehen und besorgt jedem ihrer Pfarrer einen Mercedes. Die Juden kaufen für jeden Rabbi einen Rolls-Royce. Die kath. Kirche fühlt sich übertrumpft und tut ein übriges, indem sie den VW segnet. Die Protestanten halten dafür bei der Inbetriebnahme ihrer Wagen eine mitreißende Predigt. Die Juden überlegen lange, wie sie gleichziehen könnten. Schließlich entscheidet man sich, an jedem neuen Auto den Auspuff zu beschneiden.

Ein Rabbi und ein Pfarrer unterhalten sich. Der Pfarrer klagt: „Die Bezahlung ist so miserabel, dass ich sogar gezwungen bin, ab und zu die Zeche zu prellen." Das interessiert den Rabbi, und der Pfarrer erklärt: „Nun, ich gehe um elf essen, weil dann Schichtwechsel ist, und wenn der zweite Kellner kommt, sage ich, dass ich bereits bei seinem Vorgänger bezahlt habe. Und, weil ich im Talar bin, glaubt er's."

„Sehr gut", meint der Rabbi, „da gehen wir mal gemeinsam hin!"

Gesagt, getan. Sie tafeln opulent, und als der neue Kellner kommt, die Rechnung zu kassieren, meint der Pfarrer: „Wir haben bereits bei Ihrem Vorgänger bezahlt!"

Darauf der Rabbi: „Und auf das Wechselgeld warten wir immer noch!"

Ein katholischer Pater, ein evangelischer Pfarrer und ein Rabbi führen einen Disput darüber, wann das menschliche Leben beginnt.

Sagt der Pater: „Nun, liebe Brüder im Herrn, ich bin der Ansicht, dass das menschliche Leben beginnt, wenn sich Vater und Mutter in Liebe zusammentun."

Der evangelische Pfarrer. „Ich würde es so sagen: Das menschliche Leben beginnt, wenn die Samen- und Eizelle miteinander verschmelzen."

„Nebbich", meint der Rabbi. „Menschliches Leben beginnt, wenn ist tot der Hund und sind aus dem Haus die Kinder..."

Ein alter Jude, dessen einziger Sohn sich hat taufen lassen, begegnet kurz nach diesem Ereignis einem Bekannten. Der hält ihm vor: „Dein feiner Herr Sohn lässt sich taufen und du jagst ihn nicht einmal aus dem Haus? Du bist doch ein frommer Jude vom alten Schlag – was wirst du tun, wenn die Zeit kommt, da du dich vor Gottes Gericht verantworten musst und er dir sagt: Gib Rechenschaft über deinen einzigen Sohn, der sich hat taufen lassen und Christ geworden ist!"

„Was ich tun werde?", erwidert der Alte: „Ich werde antworten: Und *Dein* einziger Sohn, lieber Gott?"

Fünf Juden haben die christliche Zivilisation geprägt:
Moses sagte: „Das Gesetz ist alles."
Jesus sagte: „Die Liebe ist alles."
Marx sagte: „Das Kapital ist alles."
Freud sagte: „Sexualität ist alles."
Einstein sagte: „Alles ist relativ."

Der russische Präsident möchte den Leichnam Lenins samt Sarg endgültig aus Moskau entfernen und wendet sich an die UNO: Welcher Staat ist bereit, Lenin bei sich zu bestatten?
Als einziger telegrafiert der israelische Premierminister: „Wir sind bereit, Lenin in Jerusalem zu beerdigen."
Darauf telegrafiert der russische Präsident zurück: „In Jerusalem auf gar keinen Fall: Dort stehen die Toten wieder auf!"

Ein gläubiger Jude kommt zum Rabbi und klagt ihm sein Leid: „Rabbi", sagt er, „große Schande, was soll ich machen? Hab ich gehabt einen Sohn, einen scheenen Sohn, einen guten Sohn, einen frommen Sohn. Hab ich gemacht für ihn ein scheenes Testament. Und nü hat mein Sohn sich taifen (taufen!) lassen!"
„Awai", sagt der Rabbi, „das hab ich auch erlebt: Hab auch ich gehabt einen Sohn, einen scheenen Sohn, einen guten Sohn, einen frommen Sohn. War auch für ihn schon gemacht ein scheenes Testament. Und stell dir vor, er, der Sohn des Rabbi, hat sich ebenfalls taifen lassen!"
„Und, Rabbi, und was hast du gemacht in der Not?"
„Nu – hab ich mich gewandt an Gott, den Herrn Jahwe, um Rat."
„Und Gott, was hat er gesagt?"
„'Rabbi, hat er gesagt. Hab auch ich gehabt einen Sohn, einen scheenen Sohn, einen guten Sohn, einen frommen Sohn. Hab

auch schon gemacht ein Testament, aber ... auch mein Sohn hat sich taifen lassen.'"

„Und Gott, Du gerechter: Was hast du dann gemacht?"

„Na, was hab ich gemacht? . . . Neiches (Neues) Testament hab ich gemacht!"

Lewi und Moses entdecken an einem Missionszelt in New York ein Plakat: „Jeder, der sich hier taufen lässt, erhält ein Patenge-schenk von 20 Dollar!" Sag Lewi: „Du, geh rein, lass dich taufen – hinterher hat jeder von uns 10 Dollar." Moses geht rein und kommt nach einer halben Stunde wieder.

„Na, biste getauft?"

„Bin ich."

„Und hast bekommen 20 Dollar."

„Hab' ich."

„Nu, dann gib mir meine 10 dollar. Los schon!"

„Siehste Lewi, das ist genau das, was uns Christen an Euch Juden so missfällt!"

In Texas betritt ein Sheriff einen Spielsalon. „Hände hoch!" schreit er in die Spielhölle hinein. Dann schaut er sich um und traut seinen Augen nicht. Wer sitzt da zusammen beim Poker? Ein evangelischer Pfarrer, ein katholischer Geistlicher und ein Rabbi. Der Sheriff knöpft sich zuerst den Geistlicher vor und fragt: „Haben Sie hier gepokert?"

Der Geistliche denkt an den Ruf seiner Kirche und an den Skandal, den es in der Gemeinde geben würde. Man soll kein Ärgernis geben, denkt er sich und antwortet: „Nein, ich habe nich gepokert."

Da wendet sich der Sheriff an den Pfarrer: „Na, und Sie, Pastor?"

Der Pfarrer denkt sich: Soll ich jetzt wieder mit meiner Kirche herhalten? „Nein", sagt er, „ich habe nicht gepokert."

Da sieht der Sheriff den Rabbi an. „Na, Rabbi, was ist mit Ihnen?"

Der hebt die Hände und antwortet: „Ich bitt' Sie, haben Sie amal gesehen an Mann allein pokern?"

Wie kommt es, dass Sie zum Judentum übergetreten sind?
Eigentlich war ich Atheist, aber das habe ich aufgegeben.
Warum?
Keine Feiertage!

Ein katholischer Priester und ein Rabbi sitzen sich auf einer langen Reise in einem Zugabteil gegenüber. Nach einer Weile kommen sie ins Gespräch und unterhalten sich über dies und das. Plötzlich fragt der Priester, dass er doch ziemlich erstaunt sei, dass dem Rabbi nicht erlaubt sei, Schweinefleisch zu essen und ob er es denn wirklich niemals probiert hätte. Antwortete der Rabbi: „Nun, als ich ein kleiner Junge war, habe ich in der Tat einmal ein ganz kleines Stückchen Schinken probiert."

„Und wie fanden Sie es?" fragte der Priester erwartungsvoll.

„Nicht im mindesten so gut wie Sex."

Moderne Welt: Der Zeitgeist-Witz

Eine Nonne im schwarzen Ornat und Häubchen trippelt die regennasse Straße entlang, rutscht aus, sodass sie lang hinschlägt und regungslos auf dem Rücken liegen bleibt. Kommt ein Betrunkener aus der Kneipe getorkelt, beugt sich über sie und lallt: „Na, Batman, war wohl nicht dein Tag heute!?"

Ein Transvestit, ziemlich alkoholisiert, hat sich verlaufen und landet in einer Kirche. Außer ihm ist dort nur noch ein junger Priester im vollen Ornat. Als der Geistliche, das Weihrauchgefäß schwenkend, in seinen langen Gewändern an ihm vorüberwallt, kann er sich nicht länger beherrschen: „Ihr Kleid ist einfach fetzig – 'ne Übershow, Frollein! Aber haben sie schon gemerkt, dass ihre Handtasche brennt?"

Unterhalten sich zwei kleine Mädchen. Sagt die eine: „Der Papst hat sich für ein Verbot der Antikonzeptionspille ausgesprochen."
Fragt die andere erstaunt: „Was ist denn das, ein Papst?"

In der Hochzeitsnacht: Schatzi, ich muss Dir da was gestehen, haucht die junge Braut, ich bin Prostituierte. Aber das macht doch nichts, dann gehst Du eben in Deine Kirche und ich in meine!

Ein Franzose, ein Engländer und ein Deutscher im Lokal. Sagt der Franzose: „Ist das dort am Tisch nicht Jesus?"
Der Deutsche geht hin und fragt: „Sind Sie Jesus?"

Jesus: „Ja, ich bin es."

Darauf geht der Engländer hin und lässt sich seine kranke Schulter heilen. Danach geht der Franzose hin und lässt sich sein krankes Kreuz heilen. Als Jesus mit dem Essen fertig ist, kommt er zu dem Deutschen und fragt ihn, ob er denn keine Schmerzen habe. Darauf der Deutsche: „Nehmen Sie bloß die Finger weg, ich bin noch zwei Wochen krank geschrieben!"

Eines Nachts schreit einer der Insassen in einem Irrenhaus: „Ich bin Napoleon."
Ein anderer: „Woher weißt du das?"
„Gott hat es mir gesagt."
Ein dritter: „Habe ich nicht!"

Eine Blondine erzählt einem Priester einen Polenwitz, bis dieser sie unterbricht: „Sie wissen wohl nicht, dass ich Pole bin!"
Darauf die Blondine: „Oh Entschuldigung, soll ich von vorne anfangen und diesmal langsamer sprechen?"

Der kleine David war eine Niete in Mathe. Seine Eltern versuchten alles: Nachhilfe, spezielle Unterrichtszentren, Gespräche mit dem Lehrer. Als letzten Ausweg riet ihnen jemand, eine katholische Schule zu versuchen. Die Nonnen dort seien sehr streng. Also wechselte David die Schule. Schon am ersten Tag kam er nach Hause, ging schnurstracks in sein Zimmer und begann wild zu lernen. Bücher und Papiere fanden sich im ganzen Zimmer ausgebreitet. Sofort nach dem Essen lief er wieder in sein Zimmer und vergrub sich noch mehr in die Bücher. Sein Verhalten änderte sich auch in den nächsten Wochen nicht. Dann wagte die Mutter einmal zu fragen: „Liebling, wie ist das passiert? Waren es die Nonnen?"

„Nein", antwortete David. „Am ersten Tag, als ich in der Schule den Burschen sah, der an das Pluszeichen genagelt war, wusste ich, die verstehen keinen Spaß!"

Drei Freunde sitzen beim Kartenspielen. Einer von ihnen durchbricht die andächtige Stille und meint: „Ach ja, ich kenne Brigitte Bardot."

„Jaja, Ackermann", meinen seine Kollegen, „die kennen wir auch."

Die drei einigen sich darauf, nach Paris zu fahren, um Brigitte Bardot zu besuchen. Erkennt sie Ackermann, so zahlen die beiden anderen die Reise bezahlen. Wenn Bardot Ackermann nicht erkennt, findet die Reise auf seine Kosten statt. In Paris angekommen, strebt Ackermann zielbewusst die Metro an, steigt aus, rennt in einem Haus die Treppen hoch und klopft an eine Wohnungstür. Es öffnet Brigitte Bardot: „Ackermann, mon amour, wie geht es dir?"

Die Freunde müssen zur Kasse greifen.

Einige Wochen vergehen und bei einem erneuten Treffen zum Kartenspielen meint Ackermann:

„Ach ja, ich kenne den Georg Bush."

„Aber sicher Ackermann, das glauben wir Dir!"

Wieder schließen die drei Freunde die gleiche Wette ab und fahren diesmal nach Washington. Als die drei vor dem Weißen Haus stehen, schaut Georg Bush gerade zum Fenster heraus: „Ackermann, old fellow, come in, let's have a drink!"

Staunen allein genügt den beiden Freunden Ackermanns nicht, sie müssen wieder die Reisespesen bezahlen. Es vergehen einige Wochen und die Freunde treffen sich wieder zum Kartenspielen.

Ackermann meint: „Ach ja, ich kenne den Papst."

„Ja logisch, den kennen wir auch – dass du die Bardot und den Bush kennst, haben wir kaum glauben können, aber den Papst – nein, das kaufen wir dir nicht ab!"

Wieder wurde die gleiche Wette abgeschlossen: Die drei fahren nach Rom, wo der Papst eine Messe liest. Erkennt der Papst Ackermann, müssen die beiden Freunde für die Fahrtspesen aufkommen. Die Messe hat schon begonnen, als sich die drei in die letzte Reihe stellen. Der Papst ist gerade bei der Predigt, als er aufblickt und schreit: „Ackermann, Du hier? Komm her!"

Die Menschenmenge öffnet sich, Ackermann begibt sich in Richtung Altar. Papst und Ackermann umarmen sich, essen gemeinsam einige Hostien, trinken Messwein und palavern, winken noch dem Volk zu und verabschieden sich, weil der heilige Vater das Volk nicht warten lassen will. Ackermann geht zurück zu seinen Freunden – die liegen in Ohnmacht auf dem Boden.

Als die beiden wieder zu Bewusstsein kommen, fragt Ackermann, was denn passiert sei.

Antworten die beiden: „Dass Du Brigitte Bardot und Georg Bush kennst war ja schon ein kleines Wunder. Dass Du den Papst auch noch kennst – naja – man sieht, es ist möglich! Aber am meisten hat uns geschockt, als Du vorhin mit dem Papst vom Altar heruntergewunken hast. Da kamen zwei Japaner vorbei, fotografierten und einer fragte den anderen: 'Weißt Du, wer der alte Mann mit dem komischen Hut dort neben dem Ackermann ist...?'"

Der Beerdigungswitz

Der größte Geizhals des Dorfes ließ auf dem Sterbebett den Lehrer, den Bürgermeister und den Pfarrer zu sich rufen. Als die drei um sein Bett versammelt waren, sagte der alte Mann: „Ich möchte nicht ohne mein geliebtes Geld aus dieser Welt gehen. Hier sind drei Umschläge, in jedem befinden sich 100.000 Euro. Sie müssen mir hoch und heilig versprechen, mir das Geld auf den Sarg zu werfen, bevor das Grab zugeschaufelt wird."

Jeder der drei bekam einen Umschlag, prall gefüllt mit Geldscheinen. Eine Woche später war der alte Mann tot. Auf dem Friedhof traten nacheinander der Dorflehrer, der Bürgermeister und der Pfarrer an das Grab und warfen einen Umschlag hinein. Nach der Beerdigung standen sie noch kurz zusammen.

Der Lehrer sagte: „Ich muss mein Gewissen erleichtern. Für unsere Schule brauchen wir dringend einen neuen Ofen. Ich habe 10.000 Euro aus dem Umschlag herausgenommen." Auch dem Bürgermeister lag etwas auf den Herzen: „Das Dach am Rathaus ist undicht. Ich habe 20.000 Euro herausgenommen. So ist das Geld wenigstens noch zu etwas nütze."

Der Pfarrer schüttelte den Kopf. „Aber meine Herren, ich muss mich sehr wundern. Ich habe das ganze Geld herausgenommen – aber natürlich einen Scheck über den vollen Betrag hineingelegt."

Eine der Bäuerinnen im Dorf ist wirklich sehr geizig. Nun ist ihre Schwiegermutter gestorben und zu ihrer Aufgabe gehört es nun, einen Sarg zu besorgen.

„Hier habe ich einen für 1000 Euro", sagt der Schreiner.

„Zu teuer!"

„Hier habe ich noch einen für 400 Euro."

„Auch zu teuer!", wehrt sie ab.

„Dann habe ich noch einen einfachen Fichtensarg, der kostet 150 Euro."

„Auch noch zu teuer!"

Da platzt dem Schreiner der Kragen: „Dann bring sie halt her, die Verblichene!"

„Wieso? Was willst du denn dann machen?"

„Dann schweiß ich ihr vier Henkel an, das kostet 8 Euro."

Der Huberbauer ist gestorben und entgegen allen Gepflogenheiten verbrannt worden. Tochter und Mutter tragen die Urne heim, es ist Winter und bitterkalt und glatt. Die beiden Frauen rutschen die Landstraße entlang.

„Jetzt ist aber genug mit der Pietät", wettert plötzlich die Bäuerin. „Nimm den Vater und streu!"

Die Frau des Farmers war beerdigt worden. Nach einigen Tagen kommt der Pfarrer beim Witwer vorbei und trifft ihn bei einer Flasche Whisky an.

„Ist das Ihr einziger Trost?", fragt er mit leisem Vorwurf.

„Iwo, ich hab' noch den ganzen Keller voll davon."

Die Frau eines evangelischen Dorfpfarrers ist gestorben. Er ist völlig gebrochen und sieht sich außerstande, seine Sonntagspredigt zu halten. Damit seine Gemeinde den geistlichen Zuspruch nicht entbehren muss, schickt er folgendes Telegramm an seinen Superintendanten: „Meine Frau gestern verstorben. Bitte um Ersatz für Wochenende."

Ein Besucher des Friedhofs liest die Inschrift auf einem Grabstein: Hier ruht Samuel Kohn, ein guter Mensch,
ein ehrlicher Kaufmann.
Dann murmelt er: „Armer Samuel, mit zwei wildfremden Leuten haben sie dich ins Grab gelegt."

Auf dem Land geht es oft bei Beerdigungen lustig her. Manchmal tanzt die ganze Gesellschaft, ja manchmal tanzt man sogar, noch ehe der Sarg aus dem Haus ist. Die Landräte wurden aufgefordert, diese Unsitte abzustellen. Nun ging es bei der letzten Beerdigung wieder hoch her und der zuständige Landrat macht sich auf den Weg zu dem bekannten Haus. Angekommen und in das kleine Haus geführt, wundert er sich und fragt: „Wie konnten Sie tanzen in diesem engen Raum?"
„Zuerst war es ja auch sehr schwer, aber dann ging es ganz gut, dann hatten wir ihn hochkant gestellt!"

Zwei Brüder hatten einen sehr schlechten Ruf in der Stadt, in der sie wohnten. Sie waren verschrien als Lügner, Diebe und Faulenzer. Eines Tages starb einer der beiden. Der andere wollte nun eine würdige Bestattung für seinen Bruder organisieren. So ging er zum Baptistenpastor und bat ihn, seinen Bruder würdig zu beerdigen. Der Pastor war bereit dazu. Doch als der Bruder verlangte, er solle in seiner Grabrede sagen, dass der Verstorbene ein Heiliger gewesen wäre, winkte der Pastor ab. „Das kann ich nicht tun, das ist nicht wahr." So versuchte es der Bruder beim reformierten Pfarrer. Doch der winkte genauso ab wie alle anderen. Schließlich kam er zum methodistischen Pfarrer und versprach seiner Gemeinde sogar die Spende von 1000 Dollar. Der sagte zu. Nun waren alle in der Stadt gespannt, was der Methodistenpfarrer am Grab sagen würde; deswegen war eine große Menge zur Beerdigung gekommen. Der

Pastor sagte: „Jeder von uns wusste, dass der Verstorbene ein Dieb war, ein Lügner, ein Faulpelz – aber im Vergleich mit seinem Bruder war er ein Heiliger!"

Mit Anteilnahme sagt ein junger Mann zu einem Älteren: „Ich war tief erschüttert, als ich erfuhr, dass Sie Ihre Frau Gemahlin begraben mussten!"
Antwort des Älteren: „Das war auch verdammt nötig. Haben Sie nicht gehört, dass sie gestorben ist?"

Eine New Yorkerin setzte ihr Testament auf und sprach auch mit dem Priester ihre letzten Wünsche ab: „Erstens, ich will verbrannt werden. Zweitens, ich will, dass meine Asche um das Kaufhaus Bloomingdales herum verstreut wird."
„Wieso denn das?" fragt der Priester.
„Damit ich sicher gehen kann, dass mich meine Töchter wenigstens zweimal die Woche besuchen kommen!"

„Entschuldigen Sie bitte, wie komme ich von hier aus am Schnellsten in das Bestattungsinstitut?"
„Warten Sie das Rotlicht ab, schließen Sie die Augen und überqueren Sie die Straße. Alles andere ergibt sich dann von selbst!"

Als es ans Sterben ging, klagte der geizige Millionär dem herbeigerufenen Geistlichen:
„Wenn ich nur etwas von meinen Reichtümern dahin mitnehmen könnte, wo ich jetzt hingehe!"
„Das wäre völlig sinnlos", erwiderte der Pfarrer.
„Sinnlos? Weshalb denn?"
„Würde ja sowieso gleich verbrennen ..."

Himmel und Hölle

Wenn Gott keinen Spaß verstünde, so möchte ich nicht im Himmel sein. Martin Luther

Wilhelm II. fragte 1898 in Neapel den Kardinal Sanfelice, ob auch Protestanten in den Himmel kämen. Der Kirchenfürst antwortete: „Gottes Barmherzigkeit ist grenzenlos."

Im Himmel sind Wahlen. Natürlich gehört es sich, dass alle wie immer die christliche Einheitspartei wählen, doch bei der Auszählung kommt eine sozialistische Stimme zutage. Wer war der Sünder? Nach langen Überlegungen kommt man zum Schluss, dass dies nur der Heilige Josef, der Patron der Werktätigen, gewesen sein kann. Man stellt ihn zur Rede.
„Natürlich war ich das", sagte der heilige Josef darauf, „und wenn ihr hier keine Opposition zulassen wollt, dann nehme ich meine Frau und das Kind aus dem Betrieb, und ihr könnt den Laden zumachen!"

Wir befinden uns im Himmel. Es ist kurz vor Weihnachten, also steht der alljährliche Weihnachtsausflug mit der kompletten Mannschaft an. Man weiß aber nicht so recht, wohin man fahren soll. Erste Idee: Betlehem. Maria ist aber dagegen. Mit Betlehem hat sie schlechte Erfahrungen gemacht: Kein Hotelzimmer und so. Nein, kommt nicht in Frage. Nächster Vorschlag: Jerusalem. Das lehnt Jesus aber ab. Ganz schlechte Erfahrungen mit Jerusalem! Nächster Vorschlag: Rom. Die allgemeine Zustimmung hält sich in Grenzen, nur der Heilige Geist ist begeistert: „Oh toll, Rom! Da war ich noch nie!!!"

Ein Mann kommt nach seinem Tod zu seiner eigenen Verwunderung in den Himmel. Doch am zweiten Tag kommt plötzlich ein Teufel vorbei und peitscht ihn aus. Schreit der Mann: „He, das kannst du doch nicht machen, ich bin hier doch im Himmel!" Darauf der Teufel: „Denkst du! Wir mussten sparen. Wir haben jetzt das integrierte Gesamtjenseits."

Ein Nerz kommt in den Himmel. Ein mitleidiger Engel erkundigt sich, ob der kleine Nerz einen Wunsch hat. „Wenn ich einen Wunsch frei habe", schwärmt der kleine Nerz, „wünsche ich mir eine fette, hässliche Frau, die ich mir um den Hals legen kann!"

Als Petrus die Himmelstür öffnet, stehen ein Pfarrer und ein Busfahrer davor.
„Komm rein", sagt Petrus zu dem Busfahrer.
„Moment mal", ruft der Pfarrer, „warum denn der zuerst?"
„Das ist doch klar", erwidert Petrus, „während du gebetet hast, haben die Leute geschlafen. Wenn der aber gefahren ist, haben die Leute gebetet."

Die D-Mark klopft an die Himmelstür. „Was wollt denn ihr hier?", fragt er misstrauisch. „Seit es den Euro gibt, werden wir auf der Erde nicht mehr gebraucht" antwortet die D-Mark. „Und jetzt wollen wir gerne in den Himmel kommen." Petrus hat Mitleid mit der D-Mark. Er erinnert sich, wie viele Geldstücke immer in die Opferbüchse geworfen wurden. So öffnet er die Himmelspforte und dann kommen sie einer nach dem anderen: Das 1-Pfennig-Stück rollt herein, das 2-Pfennig-Stück, das 10-Pfennig-Stück und so weiter. Nach dem 5-Mark-Stück kommt der 10- und der 20-Mark-Schein. Dann knallt Petrus die

Himmelspforte zu. Der 50-, der 100-, der 500- und der 1000-Mark-Schein klopfen und rufen. Doch Petrus öffnet nur einen winzigen Spalt und sagt: „Ihr bleibt draußen, Euch habe ich noch nie in der Kirche gesehen!"

Ein evangelischer Pfarrer kommt in den Himmel. Zur besseren Fortbewegung und für seine treuen Dienste im Namen des Herrn übergibt ihm Petrus einen VW Käfer. Hocherfreut fährt er los, den Himmel zu erkunden. Plötzlich sieht er seinen alten katholischen Kollegen – in einem Benz!!! Sofort fährt er zurück zu Petrus und fragt, was das soll. Darauf Petrus: „Das musst Du schon verstehen, er hatte es nicht leicht, der Zölibat und so..."
„OK, OK, ich seh's ja ein..." Damit gibt der Evangelische sich zufrieden und geht wieder auf Erkundungsfahrt. Auf einmal begegnet ihm ein Rabbiner – im Rolls Royce!!! Sofort fährt er wieder zurück, will sich lauthals beschweren, ein Rabbi hat schließlich keinen Zölibat und auch sonst kein allzu hartes Priesterleben. Die Antwort von Petrus: „Tja, mein Lieber, da kann man nichts machen. Verwandter vom Chef!"

Ein Mann kam in die Hölle. Er durfte sich seine ewigen Leiden selber aussuchen. Der Teufel nahm ihn also bei der Hand und führte ihn in einen Raum, der Boden mit Glasscherben bestreut, an den Wänden arme Sünder, die auf dem Kopf in den Scherben standen. Im nächsten Raum war der Boden mit glühenden Platten belegt, die Sünder wieder im Kopfstand darauf. In einem dritten Raum war der Boden knietief mit Scheiße gefüllt, an den Wänden standen die Sünder ganz normal da und rauchten Zigaretten. Der Mann sagte, dass er diese Strafe wohl annehmen könne. Der Teufel drückte ihm noch eine Kippe in die Hand und verschwand. 5 Minuten später kam eine Stimme aus dem nichts: „OK, Leute! Zigarettenpause vorbei, Grundstellung einnehmen!"

Kohl, Mitterand und Clinton kommen gemeinsam am Himmelstor an. Petrus öffnet die Tür, schaut Clinton an und fragt ihn: „Sag mal, Bill, wie viele Sünden hast Du eigentlich auf der Erde begangen?"
„Na, Petrus, vielleicht 5 oder 6."
Petrus schlägt den dicken Wälzer auf, fängt an zu studieren und sagt schließlich: „Gut, Bill, da Du so gut warst, sollst Du hier im Himmel einen Ferrari bekommen, um hier Deinen Spaß zu haben."
Bill freut sich und fährt los. Fragt Petrus Mitterand: „Na, und wie viele Sünden hast Du begangen?"
„Na, es werden so 14 bis 15 gewesen sein."
Petrus schaut wieder in das Buch, nach einer Weile: „Gut, Du sollst noch einen Porsche bekommen."
Schließlich wendet er sich zu Helmut: „Ach, der Helmut! Na, wie viele Sünden waren es bei Dir?"
Helmut kleinlaut: „Oh, Petrus, ich weiß nicht so genau, vielleicht 50?!"
Petrus schaut verdutzt, liest aber trotzdem nochmal im Wälzer nach und meint: „Na, ich will ja nicht so sein. Du bekommst noch einen Mercedes."
Alle drei, mit neuen Autos ausgestattet, beschließen, ein Wettrennen zu fahren. Erst halten alle mit, fahren gleichauf, bis auf einmal Kohl mit dem Mercedes weit zurückfällt. Nach einer Weile fragen sich Mitterand und Clinton, wo wohl Helmut ist. In Sorge um ihn kehren sie um und sehen schon von weitem den Mercedes im Graben liegen. Aber Helmut liegt daneben und lacht sich krank. Mitterand: „Helmut, was ist los?"
Helmut: „Stellt Euch nur vor, was ich gerade gesehen habe! Mir kam der Papst auf Rollschuhen entgegen..."

Der Boss des Stahlkonzerns ist gestorben. Er kommt in die Hölle. Zwei Wochen später klingelt es am Himmelstor. Petrus öffnet und da steht der Teufel da und sagt: „Nimm mir bloß den Stahlboss ab. In 14 Tagen hat er schon drei Öfen stillgelegt und der Rest der Mannschaft macht Kurzarbeit!"

Der Patient erwacht aus der Narkose und fragt, warum man mitten am Tag sein Fenster verdunkelt habe. Die Schwester: „Nebenan brennt eine Holzhandlung, und darum habe ich die Jalousien heruntergelassen, damit Sie nicht glauben, die Operation sei misslungen."

Der Teufel sitzt in der Hölle und murrt: „Ich habe den Menschen lange nichts Böses zugefügt. Ich muss wieder was tun." Er nimmt sein kleines Schäufelchen, gräbt sich an die Erdoberfläche und kommt in Amerika heraus. „Hallo, ich bin das Teufelchen mit meinem kleinen Schäufelchen – und nehme euch jetzt alles Geld weg!"
„Ach bitte sehr, du kannst alles haben", antworten die Amerikaner, „wir haben viel zu viel davon!"
„Mist", denkt das Teufelchen, nimmt sein Schäufelchen und gräbt einen Gang nach Russland. „Hallo, ich bin das Teufelchen mit meinem kleinen Schäufelchen – und nehme euch jetzt alles Geld weg!"
„Herzlich willkommen", antworten die Russen, „du kannst uns gerne suchen helfen!"
„Mist", denkt das Teufelchen, nimmt sein Schäufelchen und gräbt einen Gang nach Polen. „Hallo, ich bin das Teufelchen und ... äh ... wo ist denn jetzt mein kleines Schäufelchen?"

Franz Josef Strauß kommt in den Himmel. „Na, mein Sohn, was hast du Gutes getan auf Erden?", fragt ihn Gott. „Erstens", fängt Strauß an, „erstens bin ich nicht dein Sohn. Und zweitens sitzt du auf meinem Stuhl."

Ein Verstorbener liest am Eingang zum Himmel, dass es hier alle Arten von Lebewesen gibt. Er fragt den Engel an der Pforte: „Führen Sie auch Affen?"
„Tut mir leid, ich kann von meinem Platz nicht fort."

Boris Jelzin, François Mitterand und Helmut Kohl kommen in den Himmel. Petrus erlaubt jedem einen letzten Wunsch: Sie dürfen noch einmal richtig baden – in einem Getränk ihrer Wahl. Jelzin rennt los, springt in den Pool, ruft „Wodka!", und schon paddelt er quietschvergnügt in seinem Lieblingsgetränk. Mitterand springt ins Bassin, ruft „Champagner!" und schwimmt augenblicklich in dem edlen Nass. Und Helmut Kohl? Er nimmt einen großen Anlauf, stolpert über die eigenen Füße und schreit: „Scheiße!"

Lübke kommt in den Himmel, doch der heilige Petrus will ihn nicht hereinlassen. „Kennen Sie mich nicht? Ich bin Lübke!"
„Das kann ja jeder sagen, beweisen Sie das erst mal!"
„Wie soll ich das beweisen? Jeder sieht doch, dass ich Lübke bin!" – „Nun, neulich war Herbert von Karajan hier, der hat sich auch ausgewiesen: In kürzester Zeit hat er mit den Engeln Beethovens Hymne an die Freude einstudiert ... oder gestern, da war Picasso hier ..." – „Entschuldigen Sie", sagt Lübke, „Wer ist Picasso?" Daraufhin Petrus: „Sie sind Lübke, Sie können hereinkommen!"

Ein älteres Ehepaar kommt an die Himmelstür und es bekommt seine Wohnung gezeigt. Tolle Ausstattung mit Pool, Sauna, Sonnenbank und Diener. Alles vom Feinsten. Sagt der Mann zur Frau: „Du immer mit Deinen Pillen und der gesunden Ernährung. Das hätten wir alles schon 10 Jahre früher haben können."

Der Patient erwacht aus der Narkose und sagt erstaunt: „Herr Doktor, Ihr Bart ist aber gewachsen, hat die Operation denn solange gedauert?"
„Erstens heiße ich Petrus – und zweitens habe ich schon immer einen Bart gehabt!"

Die Grenze zwischen Himmel und Hölle ist von Unbekannten beschädigt worden. Der Teufel schickt folgendes Telegramm an die Engel: „Unsere Rechtsanwälte hier unten meinen, dass der Himmel die Reparatur vornehmen muss."
Die Engel antworten: „Müssen wir wohl. Können nämlich hier oben keinen Rechtsanwalt finden..."

Khomeini kommt in den Himmel und sucht Allah. Petrus schickt ihn höher. Erzengel Gabriel auch. Jesus schickt ihn auch höher. Schließlich steht er vor dem goldenen Tor Gottes. Dieser öffnet die Tür. Khomeini: „Hallo, ich suche Allah." Sagt Gott: „Ah so, dann komm rein und setz Dich. Allah, zwei Kaffee, sofort!"

Ein schwarz gekleideter Mann klopft an die Himmelstür. Petrus öffnet und fragt: „Warst du jemals ungerecht?" – „Ich war Fußball-Schiedsrichter. Beim Spiel Italien gegen England, habe ich

Italien einen Elfmeter zugesprochen. Das war falsch." – „Wie lange ist das her?" – „Etwa 30 Sekunden!"

Petrus, Chorleiter des Himmlischen Chores, zu Rex Gildo: „Wie oft soll ich es dir noch sagen: Es heißt Halleluja, nicht Hossa-Hossa..."

Sagt der Mann zu seiner Familie: „Und wenn ich mal in den Himmel komm, dann wird Gott zu mir sagen: Weißt Du was? Für uns zwei kochen lohnt sich nicht, da können wir eigentlich in die Hölle gehen zum Essen. Tja...und dort werd ich Euch dann wiedersehen."

Ein Anwalt kam nach einer erfolgreichen und ehrlichen Karriere an die Himmelspforte, gleichzeitig mit dem Papst. Petrus grüßte zuerst den Papst und begleitete ihn zu seiner neuen Wohnung: Der Raum war klein und schäbig, ähnlich einem drittklassigen Autobahnmotel. Danach wurde der An- walt zu seinem Quartier gebracht: Eine palastähnliche Anlage mit Swimmingpool, einem Park und Garten, und eine Terrasse mit malerischer Sicht auf die Himmelspforte. Der Anwalt war irgendwie ein bisschen überrascht und sagte zu Petrus: „Ich finde es sehr eigenartig, wenn ich diese meine Stätte betrachte, nachdem ich gesehen habe, wie billig selbst der Papst unter- gebracht worden ist."

Da antwortete Petrus: „Ach, weißt du, wir haben hier oben gut 100 dieser Päpste und ehrlich gesagt langweilen sie uns lang- sam ziemlich – aber einen Anwalt hatten wir noch nie hier!

Im Himmel wird an die Pforte geklopft. Petrus steht auf, geht an die Tür und fragt den Davorstehenden: „Wie heißt Du mein Sohn?" Der Mann antwortet: „Ich bin Egon Müller aus Ham..."

Und schwupp weg ist er. Petrus ist irritiert und legt sich wieder hin. Auf einmal klopft es wieder an der Tür, er hin, derselbe Kerl steht davor. „Ich bin Egon Müller aus Ham..." und weg isser. Das nächste Mal passiert wieder dasselbe, woraufhin Petrus zum Chef geht: „Sag mal, was ist denn jetzt los? Drei Mal schon steht ein Typ bei mir vor der Tür, sagt 'Ich bin Egon Müller aus Ham...' und verschwindet wieder." Gott: „Ach so, das ist Egon Müller aus Hamburg, der liegt auf der Unfall-station und wird gerade wiederbelebt."

Kurt Krenn macht einen Spaziergang an der Donau entlang und merkt auf einmal, dass er in einem Sandloch stecken geblieben ist und zu versinken beginnt. Daraufhin betet er zu Gott, er möge vom Himmel herabsteigen und ihn mit seiner göttlichen Hand aus den Sand zu ziehen. Anstatt Gott kommt zufällig ein Feuerwehrfahrzeug vorbei und der Kommandant fragt ihn, ob er Hilfe brauche und man ihn aus der misslichen Lage befreien solle. Doch Krenn antwortet selbstbewusst: „Nein Danke, ich habe zu Gott gebetet und er wird mich erlösen." – Der Bischof versinkt jedoch weiter und als die Feuerwehr ein zweites Mal anrückt, erwidert er nochmal: „Nein Danke, ich habe zu Gott gebetet und er wird mir helfen." – Auch beim Dritten Versuch der Feuerwehr lässt sich Kurt Krenn nicht beirren und vertraut auf die Hilfe Gottes. Doch er versinkt endgültig und segnet das Zeitliche. Als er im Himmel vor Gott steht fragt er diesen vor-wurfsvoll: „Gott, warum hast du mich nicht gerettet. Ich war immer ein Mann deiner Kirche." – Da antwortet Gott: „Du alter Depp. Ich hab dir dreimal die Feuerwehr geschickt. Wie oft sollte ich die denn noch vorfahren lassen?"

Eine Gruppe Mäuse kommt in den Himmel. Petrus fragt sie nach einem Wunsch. Die Mäuse wünschen sich Rollschuhe, weil sie ihr ganzes Leben vor den Katzen wegrennen mussten. Kurze Zeit später kommt auch eine Katze in den Himmel. Auch sie hat einen Wunsch frei und wünscht sich ein Sofa, um sich ausruhen zu können. Wenig später kommt Petrus bei der Katze vorbei und fragt sie nach ihrem Ergehen. Sie antwortet: „Oh, mir geht es sehr gut. Ich habe viel Ruhe ... und dann noch das 'Essen auf Rädern'!"

Als der französische Staatspräsident de Gaulle 1970 verstirbt und in den Himmel kommt, ist er sehr zufrieden. Als er aber 1973 erfährt, dass Walter Ulbricht auch verstorben sei, denkt er sich: Mit dem muss ich mich mal über seine politische Weltanschauung unterhalten. Er fragt Petrus, wo er ihn denn antreffen könnte. Darauf Petrus: „Da wirst du noch lange warten können, denn der ist zu Fuß unterwegs, da er Himmelfahrt abgeschafft hat."

Ein sehr guter Mann stirbt und kommt, als Belohnung für sein gutes Leben, in den Himmel. Petrus empfängt ihn am Himmelstor. „Willkommen", sagt Petrus, „da du ein so gutes Leben geführt hast, darfst du in den Himmel eintreten."
„Danke", sagt der Mann. „Aber bevor ich hineinkomme, könntest du mir sagen, was für andere Leute sich im Himmel aufhalten?" – „Ja, alle Arten von Leuten", antwortet Petrus. „Gibt es auch verurteilte Verbrecher im Himmel?" – „Ja, einige", antwortet Petrus. – „Gibt es Kommunisten im Himmel?" – „Ja, auch Kommunisten." – „Gibt es Nazis im Himmel?" – „Ja, ein paar wenige", antwortet Petrus.
„Und gibt es auch Anwälte im Himmel?" fragt der Mann. Petrus erwidert: „Was! Denkst du wir wollen das Paradies für all die andern ruinieren?"

Billy Graham und Reinhard Bonke kommen gemeinsam zur Himmelstüre. Petrus öffnet und meint: „Wegen euren Evangelisationen sind so viele Leute hier oben, dass wir anbauen müssen. Bis dahin müsst ihr leider in der Hölle warten."

Nach ein paar Tagen klingelt im Himmel das Telefon. Ein wütender Satan am Apparat: „Petrus, mit diesen beiden die du mir da geschickt hast, kann ich gar nichts anfangen! Graham hat schon dreiviertel der Leute bekehrt und Bonke hat die Hälfte vom Geld für eine Klimaanlage beisammen!"

Kommt ein Mann in die Hölle und sieht, dass diese in Länder unterteilt ist, wie auf der Erde. Geht er in die deutsche Hölle und fragt: „Was wird den hier so gemacht?"

„Also, erst wirst du eine Stunde auf ein Nagelbrett geschnallt und dann den Rest des Tages ausgepeitscht."

Geht er weiter und fragt in der amerikanischen nach. Dort ist das gleiche. Schließlich kommt er an die Italienische und sieht eine riesige Schlange davor stehen. Er fragt einen Teufel, was hier los sei. Der sagt: „Tja, eigentlich das Gleiche wie in allen anderen Höllen, nur der Strom ist ausgefallen, jemand hat die Nägel geklaut und die Teufel – die streiken."

Ein Mann kommt jemand in den Himmel; er findet es etwas langweilig. Da hört er Blasmusik. Er geht dem Geräusch nach und findet unter sich einen Biergarten mit Freibier, Brezen und Weißwürsten. „Was ist denn das da unten?" Antwortet ein Engel: „Das ist die Hölle." – „Darf ich da auch hin?" – „Wenn du unbedingt willst!" Da geht er und feiert lustig mit. Am nächsten Tag ist allerdings Heulen und Zähneknirschen angesagt. Da fragt er: „Warum ist das nun so ganz anders als gestern?" – „Gestern war der Tag der Offenen Tür."

Am Himmelstor erscheint eine äußerst attraktive Dame, die im besten Witwenalter verstorben ist. „Ich suche meinen Mann", sagt sie zu Petrus am Eingang. „Er heißt Schmidt".

Darauf stöhnt Petrus: „Gute Frau, was glauben Sie, wie viele Leute hier oben Schmidt heißen? Haben Sie keine näheren Angaben?"

Die Frau: „Vorname: Willi".

„Davon haben wir ja Tausende", meint Petrus.

„Aber ich will unbedingt zu ihm und ihn beruhigen, dass er sich keine Sorgen macht. Er hat immer gesagt, wenn ich nach seinem Sterben fremdgehe, würde er sich im Grabe herumdrehen..."

Da hellt sich das Gesicht von Petrus auf: „Warum haben Sie das nicht gleich gesagt? Sie meinen unseren Kreisel-Willi."

„Chef", sagte einer der Teufel, „die Menschen scheinen gar keine Angst mehr vor der Hölle zu haben."

Der Oberteufel nickte bekümmert. „Tja", brummte er, „die meisten sind eben der Ansicht: schlimmer als auf der Erde könnte es nirgends mehr sein..."

Eine Gruppe von Männern erscheint an der Himmelstür. Petrus lässt sie sich in einer Reihe aufstellen und sagt dann: „Alle vortreten, die ihre Frau betrogen haben. Die kommen erst mal ins Fegefeuer." Daraufhin treten alle vor bis auf einen. „He, du Taubstummer dort!", ruft Petrus. „Geh nur auch gleich mit!"

In einer englischen Zeitung wird der Tod eines Geistlichen folgendermaßen bekannt gegeben: „Reverend Samuel Smith hat gestern Abend um 19.30 Uhr die Erde verlassen, um gen Himmel zu fahren." Nach der Auslieferung des Blattes erhält die Redaktion eine Depesche mit dem Text: „Reverend Smith noch nicht eingetroffen. Bin stark beunruhigt. Petrus."

Mit dem Rahmen der Windschutzscheibe seines Wagens um den Hals erscheint ein Mann an der Himmelstür. „Sie sehen ja lieblich aus", sagt Petrus. „Was ist denn Ihnen passiert?"
„Wir fuhren auf der Autobahn und irgendwann sagte meine Frau: wenn du mir mal das Steuer gibst, bist du ein Engel."

Fünf Titel, über die jeder Pfarrer mal gepredigt haben sollte:

1. Der Vater, der Sohn und ich
2. Häresien sind besser als Pharisäer
3. Die 12 Gebote und ihre Bedeutung für uns heute
4. Ethnische Gruppen, die in der Hölle schmoren werden
5. Gott, dein Pfarrer und andere Diktatoren

10 Anzeichen, dass du in der falschen Kirche bist:

10. Der Gemeindebus hat einen Gewehrschrank.
9. Die Bibel, die sie in deiner Gemeinde benutzen, ist die Karl-May-Version.
8. Der Chor trägt Lederanzüge.
7. Es gibt keine Eintrittsgebühr und die ersten drei Drinks sind frei.
6. Der Pfarrer besucht regelmäßig die Spielcasinos der Umgebung.
5. Der Platzanweiser fragt: Smoking or Nonsmoking?.
4. Die Frauen des Kirchenchores waren oder sind alle mit dem Pfarrer verheiratet.
3. Die Pfarrerin hat vorher ehrenamtlich als Banane bei Tutti Frutti gearbeitet.
2. Der Pfarrer hat das Standardwerk „Die Synode und der Heilige Krieg – ein Vergleich" geschrieben und dafür die Ehrendoktorwürde der Universität von Haiti bekommen.
1. Der Chorleiter gibt den Takt mit der Peitsche an.

10 Anzeichen, dass sich deine Kirche für das neue Jahrtausend (nicht) gut vorbereitet hat:

10. Anstatt „O Gott, unsere Hilfe in vergangenen Zeiten" zu singen, singt die Gemeinde nun „Auf, auf, zum letzten Gang".

9. Die Webseite deiner Kirche ist mit der Obdachlosenseite verlinkt.

8. Die Kinder lernen im Kindergottesdienst genießbare von verseuchten Früchten zu unterscheiden.

7. Der Kirchenglockenturm wurde umfunktioniert zu einer Raketenabschussrampe.

6. Der Büchertisch deiner Gemeinde verkauft nicht mehr „Die Botschaft" oder „Der liebende Gott", sondern „The Millenium Bug Survival Kit".

5. Deine Oberkirchenräte zahlen einem technischen Berater 200 Euro die Stunde, damit die Kaffeemaschinen auch in den nächsten Jahrhunderten fehlerlos laufen.

4. Die Verwaltung wird aufgestockt, um die vielen Selbstmordfälle unter jungen Theologen zu registrieren.

3. Deine Kirche startet ein großzügiges Bauprogramm für Atombunker.

2. Spenden werden nur noch in Gold akzeptiert.

1. Der Landesbischof deiner Kirche wurde ernannt zum Ehrenvorsitzenden der bundesweiten Kommission für langfristige Katastrophenplanung.

Die zehn wichtigsten Änderungen, wenn Gott eine Frau wäre:

1. Der „Kölner Dom" hieße „Kölner Domina".

2. Man müsste beim Beten ganz genau aufpassen, was man sagt, damit es morgen nicht die ganze Nachbarschaft weiß.

3. Das Blut Christi wäre Ersatzflüssigkeit.

4. Das letzte Abendmahl wäre eine Tupperparty gewesen

5. Die Zehn Gebote wären in eine Rüschendecke gestickt worden, außerdem wären es nicht zehn Gebote, sondern mindestens 526.

6. Das fünfte Gebot würde heißen: „Du sollst nicht schnarchen!"

7. Der Mann wäre so erschaffen, dass er länger als eine Minute Sex machen kann.

8. Aus dem langweiligen „Grüß Gott!" würde „Du, und grüß auch die Göttin gaaanz gaaanz lieb von mir und richte ihr aus, dass ihr die neue Frisur ganz toll steht."

9. Es gäbe keine Kriege und keinen Hunger, aber auch keine Sportschau.

10. Jesus wäre ans Kreuz genäht worden.

Fünf Gründe, weshalb man ein kritisches Auge auf die Finanzen seiner Kirche werfen sollte

1. Auf der Pfarrkonferenz schwärmen Ihre Kollegen über den letzten Urlaub mit einem Reisebüro namens West-LB.

2. Ihr Regionalbischof kehrt regelmäßig von offiziellen Terminen mit unauffälligen kleinen Köfferchen zurück.

3. Ihr Kirchenpfleger legt neuerdings Abrechnungen über Dienstreisen nach Liechtenstein vor.

4. Die Bookmark-Liste ihrer Pfarramts-Sekretärin besteht zu 90% aus Links zu Direct-Brokern.

5. Ihr Landesbischof gibt bekannt: Es ist soweit – der feindlichen Übernahme des Vatikans steht nichts mehr im Wege!

Alles, was ich wissen muss, lernte ich von Noah's Arche:

1. Nicht das Boot verpassen!

2. Denke daran, dass wir alle im selben Boot sitzen.

3. Plane vorausschauend! Es hat nicht geregnet, als Noah die Arche baute.
4. Bleibe in Form! Auch wenn du 100 Jahre alt bist, könnte dich jemand auffordern, etwas wirklich Großes zu tun.
5. Höre nicht auf die Kritiker; tue einfach deine Arbeit weiter, die getan werden muss.
6. Baue dir deine Zukunft auf hohem Niveau.
7. Um der Sicherheit willen, reise paarweise.
8. Geschwindigkeit ist nicht immer ein Vorteil. Die Schnecken waren ebenso an Bord wie die Geparde.
9. Wenn du gestresst bist, lass dich eine Weile treiben.
10. Denke daran, dass die Arche von Amateuren gebaut wurde; die Titanic von Profis!
11. Mache dir keine Sorgen um den Sturm! Wenn du mit Gott unterwegs bist, wartet immer ein Regenbogen auf dich.

Die Kirchgänger-Typen-Liste
    Abendmahlstunker
    Alle-Aufgaben-an-sich-Reiser
    Alles-Glauber
    Alles-gut-Finder
    Alles-moderne-Kritisierer
    Alle-Strophen-Lied-Singer
    Allversöhner
    Alibi-Gottesdienstler
    Anwesende-Kirchenvorstandsmitglieder-Zähler
    Anselm-Grün-Bücher-Verschenker
    Aus-voller-Kehle-röhrender-Pfingstjubel-Singer
    Ausnamebedingungen-für-zehn-Gebote-Definierer
    Auch-im-Urlaub-Stille-Zeit-Macher
    Aus-allen-Liedern-Kanonmacher

    Bankheizungsnörgler

Bach-Kantaten-Unterbewerter
Beffchenbügler
Beichtstuhl-Allergiker
Bibel-Light-Ausleger
Birkenstockträger
Blockflötengesicht
Bazar-Stände-aus-der-Kirche-Werfer

Choral-im-Einheitstempo-Singer
Christbaum-Lämpchen-Zähler
Christliche-Bücher-als-Bibelersatz-Leser
Comic-Bibel-Leser

Dem-Pfarrer-bei-der-Predigt-Zustimmungsnicker

Ehrenamtliche-Lober
Endzeitbeschöniger
Evolutionstheorie-Hinnehmer
Ewiges-Licht-Auspuster
Extrem-lang-Beter
Friedensnetz-Knüpfer
Friedenstauben-Batiker
Für-alles-Verständnis-Haber
Für-den-Klingelbeutel-Geld-Ausleiher

Ganz-Bewusst-Wahrnehmer
Gemeindebrief-ganz-Leser
Gott-im-Wald-Finder

Harry-Potter-für-okkult-Halter
Hauskreisbibelarbeitvorlagenbenutzer
Heutige-Losung-total-passend-Finder
Hintensitzer

Im-Weihnachtsgottesdienst-Platz-Freihalter
In-der-Kirche-Schweiger
Im-Gemeindebrief-Tippfehler-Sucher
Immer-über-Schaukastengestaltung-Motzer

Jahreslosungs-auswendig-Wisser
Jugenddisco-im-Gemeindehaus-Ablehner

Kreuzverächter
Keine-Ahnung-haber-darum-überall-Zustimmer
Keine-Kinder-in-die-Welt-setzen-Woller
Kollektenhöhenbeobachter

Lutherzitierer

Manfred-Siebald-Bart-Träger

Neukirchnergroßdruckkalender-Leser
Nur-Bibel-im-Urtext-Leser

Ohne-Bibel-Prediger
Ökumene-Verfechter

Papstkritiker
Parusieverzögerer
Pastorensohn
Pastorenwitzeanalysierer
Pastor-trotz-langweiliger-Predigt-Dankesager
Pfarrer-mit-Vornamen-Grüßer
Predigtmitschreiber

Quartalskirchgänger

Randgruppenanbiederer

Schubert-Messen-Fanatiker
Segensspruch-Mitflüsterer
Sich-immer-das-gleiche-Lied-Wünscherin
Sich-über-Fischaufkleber-auf-Autos-Freuer
Sich-über-Kinder-im-Gottesdienst-Aufreger
Schön-Beter

Taizé-Lieder-Spezi
Teenager-Beiträge-Hasser
Theologenversteher
Tiki-Küstenmacher-Cartoons-Verteufler
Teilzeit-Christ
TV-Gottesdienst-Charismatiker

Über-jedes-Kreisspiel-Meckerer
Über-zu-kurze-Röcke-Motzerin
Über-alles-Motzer
Urgemeinde-toll-Finder
Undercover-Christ

Vaterunser-nicht-Auswendigkönner-darum-nur-
Murmelnder
Verklärten-Blick-Aufsetzer

Warmwassergetaufter (speziell für Baptisten)
Wegen-Kirchensteuer-aus-Kirche-Austreter
Weichspülerchrist
Wissenschaftsgläubiger
Wohlstandsevangeliumprediger
Wo-Kain-sein-Weib-hernahm-Frager
Wunder-naturwissenschaftlich-erklären-Woller

Xundbeter

Ysop-Büschel-Schwinger

Zapplige-Kinder-Zwicker
Zum-Friedensgruß-durch-die-Kirche-Geher
Zum-Hauskreis-roten-Tee-Kocher

Fünf untrügliche Anzeichen, dass sich in der Ökumene wirklich etwas tut
1. Der Link zur bayerischen Landeskirche taucht auf der Vatikan-Homepage nicht mehr unter „Sekten" auf.
2. Bei der nächsten ökumenischen Trauung darf ich meinem katholischen Kollegen den Weihwasserkessel halten.
3. Mein Dekan schenkt mir zu Pfingsten eine hübsche unauffällige Handglocke für die Wandlung beim Abendmahl.
4. In der evangelikalen Teestube in Lüdenscheid wird außer Darjeeling auch ein „absolvo Tee" angeboten.
5. Bei archäologischen Ausgrabungen in Rom wird das Testament von Papst Leo X gefunden: Er vererbt den Vatikan an Luthers Frau Katharina von Bora.

Wie man Jehova's Zeugen los wird
Wenn sie fragen, ob sie mit dir über Gott reden dürfen, sage
1. „Klar, was wollt ihr denn über ihn wissen?"
2. „Allah, sei gepriesen" beim Türöffnen
3. bei jeder ihrer Fragen „Was meinen Sie ganz konkret?"
4. Könnt ihr mir nochmal die Geschichte von Elia und den 40 Räubern erzählen?
5. Darf ich euch mal meine Dinosaurier-Fossilien-Sammlung zeigen?

Die fünfzehn größten Weicheier in der Kirche:

15. Taufwasser-Vorwärmer
14. Hauskreishopper
13. Bibelregisterverwender
12. Sitzkissenmitbringer
11. Kawohl-Kalender-Verschenker
10. Gottesdienst-Handy-Ausschalter
9. De-Saint-Exupery-Zitierer
8. Einzelkelchtrinker
7. Neukirchnergroßdruckkalender-Leser
6. Glaubensbekenntnis-Auswendiglerner
5. Konfirmanden-Kurs-Vorbereiter
4. Gesangbuchbändchen-Einleger
3. Sündenbekenntnis-Leisesprecher
2. Messwein-Abkocher
1. Drewermann-Pulli-Träger

English Jokes

Pity the poor atheist who feels grateful but has no one to thank.

Atheist: A man who has no invisible means of support.

Epitaph for an atheist: Here lies an atheist – all dressed up and no place to go.

I feel sorry for an atheist who needs help. How do you pray to Charles Darwin?

Puritan: Someone who thinks there's not a single way to do it right.

Did you hear about the bishop who kept his files marked 'Sacred' and 'Top Sacred'?

Sign on Church undergoing extensive repairs: „This is the Gate to Paradise. Please use other entrance!"

Sign over Collection Box: „Please give generously. Remember, you can't take it with you, so why not send it on ahead?"

Sign outside church: „The preacher for next Sunday will be found pinned up in the side porch."

What the world really needs is one more hymn:
„I Did It Thy Way."

The ark was built in 3 stories, and the top story had a window to let light in, but how did they get light to the bottom 2 stories?
– *They used floodlights.*

What kinds of motor vehicles are in the Bible?
Jehovah drove Adam and Eve out of the Garden in a Fury.
And David's Triumph was heard throughout the land.

Who was the greatest comedian in the Bible?
Samson – he brought the house down.

An Irishman comes with a crocodile to a pub.
Do you serve catholics, he asks.
But of course.
Ok, one beer for me and one catholic for my mate!

WHY GOD CREATED CHILDREN
(To those of us who have children in our lives, whether they are our own, grandchildren, nieces, nephews, or students ...here is something to make you chuckle.) Whenever your children are out of control, you can take comfort from this:
After creating heaven and earth, God created Adam and Eve.

And the first thing he said was „DON'T!"

„Don't what?" Adam replied. – „Don't eat the forbidden fruit" God said. – „Forbidden fruit? We have forbidden fruit? Hey Eve...we have forbidden fruit!!!!!" – „Do NOT eat the fruit!" said God. – „Why?" – „Because I am your Father, and I said so!" God replied, wondering why He hadn't stopped creation after making the elephants. A few minutes later, God saw His children having an apple break and He was ticked!

„Didn't I tell you not to eat the fruit?" God asked. – „Uh huh", Adam replied. – „Then why did you?" said the Father.

„I don't know", said Eve. – „She started it!" Adam said.

„Did not!" – „Did too!" – „DID NOT!"

Having had it with the two of them, God's punishment was that Adam and Eve should have children of their own. Thus the pattern was set and it has never changed.

BUT THERE IS REASSURANCE IN THE STORY!

If you have persistently and lovingly tried to give children wisdom and they haven't taken it, don't be hard on yourself. If God had trouble raising children, what makes you think it would be a piece of cake for you?

THINGS TO THINK ABOUT!

1. You spend the first two years of their life teaching them to walk and talk. Then you spend the next sixteen telling them to sit down and shut up.

2. Grandchildren are God's reward for not killing your own children.

3. Mothers of teens now know why some animals eat their young.

4. Children seldom misquote you. In fact, they usually repeat word for word what you shouldn't have said.

5. The main purpose of holding children's parties is to remind yourself that there are children more awful than your own.

6. We child-proof our homes, but they are still getting in.

ADVICE FOR THE DAY: Be nice to your kids. They will choose your nursing home one day.

AND FINALLY: If you have a lot of tension and you get a headache, do what it says on the aspirin bottle: „TAKE TWO ASPIRIN" and „KEEP AWAY FROM CHILDREN"

A 17th Century Nun's Prayer
Keep me from the fatal habit of thinking that I must say something on every subject and on every occasion. Release me from craving to straighten out everybody's affairs. With my vast store of wisdom, it seems a pity not to use it all, but You know Lord that I want a few friends in the end. Keep my mind free from the recital of endless details; give me wings to get to the point...

A mother was teaching her 3-year-old the Lord's prayer. For several evenings at bedtime the child repeated it after the mother. Then one night the child was ready to solo. The mother listened with pride the carefully enuntiated words, right up to the end: „. . . and lead us not into temptation, but deliver us some e-mail."

There was this couple, Mary and John, who believed they would return in another life. They got married and, as part of their wedding vows, promised that if one died, the other would attend a seance exactly four weeks later and contact the other.

Twenty happy years later, the man dies, and the woman, Mary, sticks to her vow and visits a seance four weeks later. It went something like this: Mary: „Is there anybody there? I'm seeking my deceased husband John. Is he there?"

Strange, booming voice: „Mary? Is that you, Mary?"

Mary: „Yes John, is that you?" – John: „Yes, it's me."

Mary: „How are things where you are, John? What's it like?"

John: „Great, Mary. Everyday after breakfast we make love until lunchtime, which lasts about half-hour, then we make love until dinner. After dinner, we make love until we fall asleep. It's great. I can't wait until you get here."

Mary (shocked): „Is that what Heaven's like?" – John: „I'm not in Heaven." –Mary (fearing the worst): „Then where are you?" – John: „I'm a rabbit in Florida!"

If College Students Wrote the Bible:

The Ten Commandments would actually be only five, double-spaced and written in a large font.

Paul's letter to the Romans would become Paul's email to abuse@romans.gov.

Reason Cain killed Abel: They were roommates

Reason Moses and followers walked in the desert for 40 years: They didn't want to ask directions and look like freshmen.

Instead of God creating the world in six days and resting on the seventh, He would have put it off until the night before it was due and then pulled an all-nighter.

Top Eight Sayings of Biblical Mothers:

8.Samson! Get your hand out of that lion. You don't know where it's been! (Judges 14:5-8)

7. David! I told you not to play in the house with that sling! Go practice your harp. We pay good money for those lessons!

6. Abraham! Stop wandering around the countryside and get home for supper!

5. Shadrach, Meshach and Abednego! Leave those clothes outside, you smell like a dirty ol' furnace!

4. Cain! Get off your brother! You're going to kill him some day!

3. Noah! No, you can't keep them! I told you, don't bring home any more strays!

2. Gideon! Have you been hiding in that wine press again? Look at your clothes! (Judges 6:11)

1. Absalom! Are you going to sell you hair again? What will you do with so much money? Another saving account? (Samuel II 14, 26)

How do we know that Job went to a chiropractor?
Because in Job 16:12, 14, 16 we read, „I had come to be at ease, but he proceeded to shake me up: and he grabbed me by the back of the neck and proceeded to smash me."

A middle aged woman has a heart attack and is taken to the hospital. While on the operating table she has a near-death experience. During that experience she sees God and asks if this is it. God says no and explains that she has another 30-40 years to live. Upon her recovery she decides to just stay in the hospital and have a face lift, liposuction, breast augmentation, and a tummy tuck. She even has someone come in and change her hair colour. She figures that since she's got another 30 or 40 years she might as well make the most of it. She walks out the hospital after the last operation and is killed by an ambulance speeding up to the hospital. She arrives in front of God and asks, „I thought you said I had another 30-40 years?"
God replies, „Sorry, I didn't recognize you."

A Woman went to the Post Office to buy stamps for her Christmas cards. „What Denomination?" asked the clerk. „Oh, good heavens! Have we come to this?" said the woman. „Well give me 50 Baptist and 50 Catholic ones."

During a children's sermon, Reverend Larry Eisenberg asked the children what „Amen" means. A little boy raised his hand and said: „It means: 'Tha-tha-tha-that's all folks!'"

A pastor explained to his congregation that the church was in need of some extra money, so he asked them to consider being more than generous. He offered that whoever gave the most would be able to pick three hymns. After the offering plates were passed about the church, the pastor glanced down and noticed that someone had graciously offered a $1,000 bill. He was so excited that he immediately shared his joy with his congregation and said he'd like to personally thank the person who placed the money in the plate. A very quiet, elderly, saintly lady in the back of the church shyly raised her hand. The pastor asked her to come to the front, so she slowly made her way towards him. The pastor told her how wonderful it was that she gave so much, and in thanks he asked her to pick out three hymns. Her eyes brightened as she looked over the congregation. She pointed to the three most handsome men in the church and said, „I'll take him and him and him."

Senility Prayer: God grant me the Senility to forget the people I never liked anyway, the good fortune to run into the ones I do, and the eyesight to tell the difference.

One of the best prayers: „Lord, please make me the kind of person my dog thinks I am."

Why God never received a PhD:
1. God had only one major publication. 2. It was in Hebrew. 3. It had no references. 4. It wasn't published in a refereed journal. 5. Some even doubt that God wrote it. 6. It may be true that God created the world, but what has the Creator done since then? 7. God's cooperative efforts have been quite limited. 8. The scientific community has had a hard time replicating God's results. 9. God never applied to the ethics board for permission to use human subjects. 10. When one experiment went awry God tried to cover it by drowning the subjects. 11. God rarely came to class and just told students to read the book. 12. Some say God's son had teach the class instead. 13. God expelled the first two students for learning. 14. Although there were only 10 requirements, most of God's students failed the tests. 15. God's office hours were infrequent and usually held on a mountain top. 16. No record of working well with colleagues.

I was walking across a bridge one day, and I saw a man standing on the edge, about to jump. I ran over and said: „Stop. Don't do it." – „Why shouldn't I?" he asked. – „Well, there's so much to live for!" – „Like what?" – „Are you religious?" – He said „Yes." – I said „Me too. Are you Christian or Buddhist?" – „Christian." – „Me too. Are you Catholic or Protestant?" – „Protestant." – „Me too. Are you Episcopalian or Baptist?" – „Baptist." – „Wow. Me too. Are you Baptist Church of God or Baptist Church of the Lord?" –
„Baptist Church of God." – „Me too. Are you original Baptist Church of God, or are you Reformed Baptist Church of God?" – „Reformed Baptist Church of God." – „Me too. Are you Reformed Baptist Church of God, Reformation of 1879, or Reformed Baptist Church of God, Reformation of 1915?" –
He said: „Reformed Baptist Church of God, Reformation of 1915." – I said: „Die, heretic scum", and pushed him off.

Scholars have long debated the exact ethnicity and nationality of Jesus. Recently, at a theological meeting in Rome, scholars had a heated debate on this subject. One by one, they offered their evidence ....

Three proofs that Jesus was **Mexican**:
1. His name was Jesus
2. He was bilingual
3. He was always harassed by the authorities

But then there were equally good arguments that ....

Jesus was **Black**:
1. He called everybody „Brother"
2. He liked gospel
3. He couldn't get a fair trial

Jesus was **Jewish**:
1. He went into his father's business
2. He lived at home until he was 33
3. He was sure his mother was a virgin, and his mother was sure he was god

Jesus was **Italian**:
1. He talked with his hands
2. He had wine with every meal
3. He used olive oil

Jesus was a **Californian**:
1. He never cut his hair
2. He walked around barefoot
3. He started a new religion

Jesus was **Irish**:
1. He never got married
2. He was always telling stories
3. He loved green pastures

But perhaps the most compelling evidence ....

Three proofs that Jesus was a **woman**:
1. He had to feed a crowd at a moments notice when there was no food

2. He kept trying to get the message across to a bunch of men who just didn't get it
3. Even when he was dead, he had to get up because there was more work for him to do!

Mother Superior calls all the nuns together and says to them: „I must tell you all something. We have a case of gonorrhea in the convent."
„Thank God", says an elderly nun at the back of the room, „I'm so tired of Chardonnay."

„I advertised that the poor would be welcome in this church", said the minister, „and after examining the collection, I see that they have come."

A Sunday school teacher had just finished explaining about heaven. „Now", she said, „hands up, all those children who want to go to heaven." All the children raised their hands except one little boy in the front row. „Don't you want to go to heaven, Nick?" asked the teacher. „I can't", said the youngster tearfully. „My mother told me to come straight home."

„So you attend Sunday school", the reverend asked little Eva. „Oh, yes, sir" said little Eva. – „And you know your Bible?" – „Oh, yes, sir." – „Could you perhaps tell me something that is in it?" – „I could tell you everything that's in it!" – „Indeed", smiled the reverend. „Do tell me." – „My sister's steady's snapshots are in it", replied little Eva. „And Ma's recipe for Hungarian goulash is in it, and a lock of my hair, cut off whein I was a baby is in it, and the hock ticket for Pa's watch is in it..."

The preachers evening discourse was dry and long, and the congregation gradually melted away. The sexton tiptoed up to the pulpit and slipped a note under one corner of the Bible. It read: *When you are through, will you please turn off the lights, look the door, and put the key under the mat?*

„Your husband walked out in the middle of my sermon last Sunday, Mrs. Baldwin.“
„It was nothing personal, Reverend. He was just sleep-walking.“

A Baptist, Presbyterian, Methodist, and Roman Catholic met, by agreement, to dine on fish.
As soon as the grace was said, the Catholic rose, armed with a knife and fork, and taking about one-third of the fish, including the head, removed it to his plate, saying „The pope is the head of the church.“
Immediately the Methodist minister stood up and helped himself to about one-third, including the tail, saying „The end crowns the work.“
The Presbyterian, taking the remainder of the fish to his plate, exclaimed „Truth lies between the two extremes.“
The Baptist had nothing before him but an empty plate nad the prospect of a slim dinner, so seizing a bowl of melted butter, he dashed it over them, exclaiming „I baptize you all.“

Three atheists were prestering a young Baptist minister.
„I think I will move to Nevada“, said the first atheist. „Only twenty-five percent of the people are Baptists.“
„No, I think I would rather live in Colorado“, said the second man. „Only ten percent of the people are Baptists.“

„Better yet", said the third atheist, „is New Mexico ... only five percent there are Baptists."

„I think the best place for you all is hell", said the minister, „where there are no Baptists at all!"

Gott

möge

dir Humor schenken

wenn du verbittert bist

wenn du die Hoffnung verlierst

wenn du Angst hast

damit du über allem stehen kannst

damit du leuchtest

damit du wieder lieben kannst

damit du andere fröhlich machst

Und nie das 11.Gebot vergessen:

Lebe sinnvoll und vergnügt!

Danksagung

an die,
die zu diesem Buch beigetragen haben:

Margot und Wolfgang Claus, USA
Ernst und Victoria Dukes, Namibia
Helmut Miltner
Steffen und Merle Blum
Kathrin Kürschner
Josef Danko
Lothar Pöll, Österreich
Lena Zachäus
Stefan Scholpp
Peter Pauly, Namibia
Reinhard Keding, Namibia
Irmela Buchholz, Namibia
Ulrich Zimmermann
Hannelore Kohler
Jörg Wöltche
Harald Hofmann
Tobias Geiger
Günther Hauser
Alexander Seidel
Katrin Thomas
Barbara Tonn
Reinhard Thöle
Annegret Lingenberg
Claus-Ulrich Heinke

Autoren- und Autorinnenspiegel

Karl Lehmann,

geb. 16.05.1936 in Sigmaringen, Studium der Philosophie und Theologie in Freiburg, Rom, München und Münster, Dr. phil. (1962), Dr. theol. (1967), 1963 Priesterweihe in Rom, 1964-67 Wiss. Ass. bei Karl Rahner, 1968-71 ord. Prof. für Dogmatik und Theologische Propädeutik an der Universität Mainz, 1971-83 ord. Prof. für Dogmatik und Ökumenische Theologie an der Universität Freiburg i.Br., seit 1983 Bischof von Mainz, seit 1987 Vorsitzender der Deutschen Bischofskonferenz, 2001 Erhebung zum Kardinal durch Papst Johannes Paul II. Zahlreiche Ehrendoktortitel und Preise (u.a. 1994 Karl Barth-Preis der Evangelischen Kirche der Union). Ehem. Mitglied der Glaubenskongregation in Rom (1986-1998), Mitglied (seit 1969)/Wissenschaftlicher Leiter (1976-1988)/Vorsitzender (von katholischer Seite, seit 1988) des Ökumenischen Arbeitskreises evangelischer und katholischer Theologen, Mitglied des Päpstlichen Rates zur Förderung der Einheit der Christen (seit 2002). Zahlreiche Buchveröffentlichungen, Herausgeberschaften und Beiträge, z.B. in der Anthologie „Ökumene – Wohin?" (AZUR Verlag 2003).

2005 wurde er mit dem Orden „Wider den tierischen Ernst" des Aachener Karnevalvereins ausgezeichnet.

Ivo Bäder-Butschle, geb. 19.1.1971 in Allensbach. Nach der Schulzeit hat er ein einjähriges Praktikum in der Psychatrie, anschließend das Studium der Evangelischen Theologie in Heidelberg und Berlin absolviert, danach das Lehrvikariat in Freiburg-Betzenhausen und das Pfarrviakriat in Maulburg unter Dekanin Widdess. Schwerpunkte seiner Gemeindearbeit sind alternative Gottesdienstformen und Konfirmandenarbeit. Seit 2001 ist er mit Katharina Butschle, Sonderschulpädagogin, verheiratet. Sie haben zwei Kinder, Jonathan und Rassmus. Seit 2004 arbeitet er als Gemeindepfarrer in der Johannes-gemeinde auf dem Dinkelberg bei Rheinfelden. Bei dem Ethiker Professor Härle, Universität Heidelberg, promovierte er im Frühjahr 2005 mit dem Titel: „Interpretation der moralischen Welt." Mit Aufsätzen ist er in den Bänden 1 und 3,I der Reihe „Anthologie für Religion" im AZUR Verlag vertreten. Neben der Arbeit musiziert er gerne.

Siegfried Vögele,

am 24.04.1929 in Ersingen bei Pforzheim, katholisch geprägt und Fasnachtshochburg, geboren. Freude, Fröhlichkeit, Humor, Witz waren ihm von seinem Elternhaus her in die Wiege gelegt. Kriegs- und krankheitsbedingt konnte er erst mit 24 Abitur machen und zum Priester geweiht werden. Es folgten fünf Jahre Vikariat in Furtwangen und drei Jahre in Karlsruhe, St. Stephan. Seine erste Pfarrstelle hatte er inne 1967-1978 in Markdorf, die zweite 1978-1989 in Hockenheim, die dritte 1989-2002 in Karlsruhe-Grötzingen. Neben den Predigten hat er gelegentlich auch Büttenreden gehalten, am Fasnachts-sonntag aber immer eine 'Büttenpredigt'.

„Als ich im September 2002 in Pension ging, fragte mich einer: „Was machen Sie jetzt dann?" Meine Antwort: „Ich setze mich in den Schaukelstuhl und mache 6 Monate gar nichts." Er darauf: „Ja, und dann?" Ich: „Dann fange ich an zu schaukeln." Seitdem 'schaukle' ich als Aushilfspfarrer von Grötzingen durchs ganze Dekanat Karlsruhe und darüber hinaus als Pfarrer i.R., das heißt: in Reichweite!"

Josef Danko,

Dr. h.c., Jahrgang 1943. Gehört seit 1965 zur Ordensgemeinschaft der Pallottiner. Bisherige Tätigkeiten: Leiter eines Bildungshauses; Regens des Pastoraltheologischen Instituts der Pallottiner in Friedberg; Provinzoberer der Gemeinschaft. Journalist und Redakteur bei der Pallottinerzeitschrift „Katholisches Apostolat + das Zeichen". Autor von zahlreichen Büchern zu den Themen Meditation, Gebet, Predigt. Dozent für Homiletik (Predigtlehre) an der Philosophisch-Theologischen Hochschule der Pallottiner in Vallendar/Rhein. Seit 2005 leitet er das geistliche und gastliche Haus der Pallottiner St. Josef-Hersberg in Immenstaad am Bodensee.

Zum Thema „Witz" hat er vier Bücher veröffentlicht:

Josef Danko (Hg.), „Der Teufel hat Angst vor fröhlichen Menschen. Predigtwitze", Würzburg 2000 (vergriffen)

„Darüber lacht auch Petrus, Schmunzeleinheiten zwischen Himmel und Erde", Verlag Butzon&Bercker 2004

„Gottes fröhliches Bodenpersonal. Noch mehr Witze", gesammelt von Josef Danko. Echter Verlag Würzburg 2004

„Fromme und unfromme Witze über Gott und die Welt", gesammelt von Josef Danko. Gebunden. Echter Verlag. Würzburg. 2. Auflage 2004.

John Watson,

geboren am 14.5.1939, war ein professioneller Musiker, der Theologie an der Universität von Cambridge studierte, mit 28 Jahren zum Anglikanischen Priester ordiniert wurde und seinen Doktortitel in Ökumenischer Theologie machte. Er wurde zum Mitglied der Königlich-Asiatischen Gesellschaft gewählt und entwickelte sich zu einem Experten für die orientalisch- orthodoxe Christenheit. Im Jahr 2000 wurde er pensioniert, aber arbeitete bis 2004 weiter als Pfarrer in einer Gemeinde in Dorset, Südengland. 2004 zog er sich endgültig vom Berufsleben zurück zur Musik und seinem Cello. Nach wie vor schreibt er jedoch – neben hunderten von akademischen Aufsätzen und Bücherrezensionen – auch Bücher, zumeist über die Kopten. Regelmäßig hat er bisher mit Essays zu den Bänden der „Anthologie für Religion" im AZUR Verlag beigetragen. Darüber hinaus schreibt er im vierzehntäglichen Rhythmus die „Coptophile Column" für die führende christliche Zeitung im Mittleren Osten „Watani" in Kairo. Zu seinen letzten Büchern zählen „Among the Copts", Sussex Academic Press 2000, „Christians Observed", The Alpha Press 2004, und „Listening to Islam", Sussex Academic Press 2005.

Ava R. Nibel

ist anglikanische Priesterin. Sie hat einen M.A. in Betriebswirt-
schaftslehre und schloss ihre Promotion über kirchliche Fragen
im Versicherungsrecht ab. Das Studium der Religion betrieb sie
als Hobby und wurde als eine der ersten Frauen in der Church
of England ordiniert, obwohl sie nicht Theologie studiert hat.
Sie betreut die Hälfte einer der im Süden gelegenen Diözesen.

Hermann Schwarz,

Jahrgang 1959, nach langjähriger Tätigkeit als Funkelektroniker
studierte er am Theologischen Seminar „Beröa" und absolvierte
sein Vikariat in Friedrichshafen. Im Oktober 1999 wurde er
zum Pastor ordiniert und ist seither tätig in der Gemeindegrün-
dungsarbeit in Markdorf. Seit 11 Jahren ist er mit Heike verheiratet, Lehrerin für Religion.

Wöchentlich verfasst er Beiträge zu einem Bibelvers in den
Gemeindeblättern von Salem, Kluftern, Bermatingen und
Markdorf.